RHEOLAU'R FFORDD FAWR

London: The Stationery Office

Cynnwys

Cyflwyniad

Dylai pawb ddarllen *Rheolau'r Ffordd Fawr*. Mae'r rheolau a
geir ynddo yn berthnasol i bawb sy'n defnyddio'r ffordd:
cerddwyr, rhai sy'n marchogaeth ceffylau a seiclwyr, yn ogystal
â motorbeicwyr a gyrwyr ceir.

Mae nifer o'r rheolau hyn yn ofynion cyfreithiol, ac os byddwch
yn anufuddhau i'r rheolau byddwch yn cyflawni tramgwydd
troseddol. Gellwch gael eich dirwyo, neu dderbyn pwyntiau
cosb ar eich trwydded neu gael eich gwahardd rhag gyrru. Yn
yrachosion mwyaf difrifol, gellwch gael eich anfon i'r carchar.
Gellir adnabod rheolau o'r math yma gyda'r geiriau **RHAID/
PEIDIO Â**. Yn ogystal, mae'r rheol yn cynnwys cyfeiriad tal-
fyredig at y ddeddfwriaeth sy'n creu'r drosedd. Ceir esboniad
o'r talfyriadau ar dudalen 86.

Er na fydd methu â chydymffurfio gyda rheolau eraill o fewn
Rheolau'r Ffordd Fawr ynddo'i hun yn achosi i berson gael ei
erlyn, gellir defnyddio *Rheolau'r Ffordd Fawr* mewn tystiolaeth
fel rhan o achos mewn llys yn unol â'r Ddeddf Drafnidiaeth er
mwyn sefydlu atebolrwydd.

Gall gwybod *Rheolau'r Ffordd Fawr* a'u rhoi ar waith leihau'r
nifer sy'n dioddef o ddamweiniau ar y ffordd yn sylweddol.
Mae lleihau'r nifer o farwolaethau ac anafiadau sy'n digwydd
ar y ffordd bob dydd yn gyfrifoldeb rydym i gyd yn ei rannu.
Gall *Rheolau'r Ffordd Fawr* ein cynorthwyo i ymgymryd â'r
cyfrifoldeb hwnnw.

Rheolau i gerddwyr

Arweiniad cyffredinol

1. Dylech ddefnyddio **palmentydd neu lwybrau troed** os ydynt ar gael. Lle bo'n bosibl, dylech osgoi cerdded ar ymyl y palmant gyda'ch cefn at y traffig. Os oes raid i chi gamu i'r ffordd, edrychwch i'r ddau gyfeiriad yn gyntaf.

2. Os nad oes palmant neu lwybr troed, dylech gerdded ar ochr dde y ffordd fel y gellwch weld traffig sy'n dod tuag atoch. Dylech gymryd gofal arbennig
* bod yn barod i gerdded yn un llinell, yn enwedig ar ffyrdd cul neu mewn golau gwael;
* cadw'n agos at ymyl y ffordd.
Gall fod yn fwy diogel i groesi'r ffordd ymhell cyn cyrraedd tro cas i'r dde (fel y bydd gan y traffig sy'n dod tuag atoch well cyfle i'ch gweld). Dylech groesi'n ôl ar ôl y tro.

3. Helpwch ddefnyddwyr eraill y ffordd i'ch gweld. Dylech wisgo neu gario rhywbeth lliw golau, llachar neu fflworoleuol os bydd y golau'n wael liw dydd. Pan fydd yn dywyll, dylech ddefnyddio deunyddiau sy'n adlewyrchu'r golau (e.e. bandiau braich, sashiau, gwasgodau a siacedi), y gall gyrwyr sy'n defnyddio prif oleuadau eu gweld hyd at deirgwaith ymhellach i ffwrdd na deunyddiau anadlewyrchol.

Mynnwch gael eich gweld yn y tywyllwch; gwisgwch rywbeth adlewyrchol

4. Ni ddylai plant ifainc fod allan ar eu pennau eu hunain ar balmant na ffordd (gweler Rheol 7). Wrth fynd â phlant allan, dylech gerdded rhyngddynt a'r traffig gan afael yn dynn yn eu dwylo. Dylech strapio plant ifainc iawn yn y goetsh neu ddefnyddio awenau.

5. Teithiau cerdded trefnedig. Dylai grwpiau o bobl ddefnyddio llwybr os oes un ar gael. Os nad oes un ar gael, dylent gadw i'r chwith. Dylid gosod gwylwyr ar flaen y grŵp a'r tu ôl iddo, a dylent wisgo dillad fflworoleuol yn ystod y dydd a dillad sy'n adlewyrchu'r golau yn y tywyllwch. Liw nos, dylai'r gwyliwr ar y blaen gario golau gwyn, a'r un yn y cefn olau coch. Dylai pobl ar y tu allan i grwpiau mawr hefyd gario goleuadau a gwisgo dillad sy'n adlewyrchu'r golau.

6. Traffyrdd. RHAID PEIDIO â cherdded ar draffyrdd nac ar eu ffyrdd ymuno, ac eithrio mewn argyfwng (gweler Rheol 249).
Cyfreithiau RTRA adran 17, MT(E&W)R 1982 fel y'i diwygiwyd & MT(S)R rheoliadau 2&13

Croesi'r ffordd

7. Rheolau'r Groes Werdd. Mae'r cyngor isod ynglŷn â chroesi'r ffordd ar gyfer pob cerddwr. Dylai plant gael dysgu'r Rheolau, ac ni ddylid caniatáu iddynt fod allan ar eu pennau eu hunain hyd nes y gallant eu deall a'u defnyddio'n iawn. Mae'r oedran y gallant wneud hyn yn wahanol i bob plentyn. Ni all llawer ohonynt farnu beth yw cyflymdra cerbydau na'u pellter oddi wrthynt. Bydd plant yn dysgu drwy esiampl, felly dylai rhieni a gofalwyr bob amser ddefnyddio'r Rheolau'n llawn pan fyddant allan â'u plant. Nhw sy'n gyfrifol am benderfynu'r oedran pryd y gall y plant eu defnyddio'n ddiogel ar eu pennau eu hunain.

a. Yn gyntaf, dylech chwilio am fan diogel. Mae'n fwy diogel croesi gan ddefnyddio ffordd danddaearol, pont droed, ynys, croesfan sebra, pelican, twcan neu aderyn pâl, neu lle mae man croesi a oruchwylir gan aelod o'r heddlu, rheolwr croesfan ysgol neu warden traffig. Os oes croesfan gerllaw, defnyddiwch ef. Fel arall, dylech ddewis man lle y gellwch weld yn glir i bob cyfeiriad. Ceisiwch osgoi croesi rhwng ceir sydd wedi'u parcio (gweler Rheol 14) ac ar droeon dall ac wrth ael bryn. Ewch i rywle lle y gall gyrwyr eich gweld yn glir.

b. Stopiwch ychydig cyn cyrraedd ymyl y palmant lle gellwch weld os oes unrhyw beth yn dod. Peidiwch â mynd yn rhy agos at y traffig. Os nad oes yna balmant, cadwch oddi wrth ymyl y

ffordd, ond gwnewch yn siŵr eich bod yn gallu gweld y traffig sy'n dod tuag atoch o hyd.

c. Edrychwch o'ch cwmpas am draffig a gwrandewch. Gallai'r traffig ddod o unrhyw gyfeiriad. Gwrandewch hefyd, oherwydd weithiau gellwch glywed traffig cyn i chi ei weld.

ch. Os bydd traffig yn dod, gadewch iddo fynd heibio. Edrychwch o'ch cwmpas unwaith eto a gwrandewch. Peidiwch â chroesi hyd nes y bydd bwlch diogel a'ch bod yn sicr fod yna ddigon o amser. Cofiwch, hyd yn oed os yw'r traffig ymhell i ffwrdd, gall fod yn dynesu'n gyflym iawn.

d. Pan fydd yn ddiogel, cerddwch yn syth ar draws y ffordd – peidiwch â rhedeg. Daliwch ati i edrych a gwrando am draffig tra byddwch yn croesi rhag ofn fod yna unrhyw draffig rydych heb ei weld, neu rhag ofn y bydd traffig arall yn ymddangos yn sydyn.

8. Croesi wrth gyffordd. Wrth groesi'r ffordd, gwyliwch am draffig sy'n troi i'r ffordd, yn enwedig o'r tu ôl i chi.

9. Rheiliau Diogelu Cerddwyr. Lle ceir rheiliau, ni ddylech groesi'r ffordd ond wrth y bylchau sydd ar gael i gerddwyr. Peidiwch â dringo dros y rheiliau na cherdded rhyngddynt a'r ffordd.

10. Palmant Stydiau. Defnyddir stydiau bychain y gellir eu teimlo dan droed i roi gwybod i bobl ddall neu rannol ddall eu bod yn agosáu at groesfan lle mae ymyl y palmant wedi'i ollwng.

11. Strydoedd Unffordd. Edrychwch i ba gyfeiriad y mae'r traffig yn symud. Peidiwch â chroesi nes ei bod yn ddiogel i wneud hynny heb stopio. Gall lonydd bysiau a seiclau lifo'n groes i gyfeiriad gweddill y traffig.

12. Lonydd bysiau a seiclau. Cymerwch ofal wrth groesi'r lonydd hyn achos gall fod y traffig yn symud yn gynt na mewn lonydd eraill, neu yn erbyn llif y traffig.

13. Llwybrau a rennir gyda seiclwyr. Gall llwybrau seiclo redeg ochr yn ochr â llwybrau troed gyda rhaniad rhwng y ddau. Cadwch i'r rhan ar gyfer cerddwyr. Cymerwch ofal arbennig pan fo seiclwyr a cherddwyr yn rhannu'r un llwybr heb raniad (gweler Rheol 48).

14. Cerbydau wedi'u parco. Os oes rhaid i chi groesi rhwng cerbydau wedi'u parco, defnyddiwch ymylon allanol y cerbydau fel pe baent yn ymyl palmant, a gwnewch yn siŵr eich bod yn gallu gweld o'ch cwmpas i gyd a bod y traffig yn gallu'ch gweld chi. Peidiwch byth â chroesi'r ffordd o flaen neu y tu ôl i unrhyw gerbyd sydd â'i injan yn rhedeg, yn enwedig cerbyd mawr gan na fydd y gyrrwr yn gallu eich gweld o bosib.

15. Cerbydau'n bacio. Peidiwch byth â chroesi y tu ôl i gerbyd sy'n bacio, yn dangos goleuadau bacio neu'n seinio rhybudd.

16. Cerbydau sy'n symud. RHAID I CHI BEIDIO ag esgyn ar gerbyd sy'n symud na dal gafael arno.
Cyfraith DTFfF 1988 adran 26

17. Yn y nos. Gwisgwch rywbeth sy'n adlewyrchu'r golau i'w gwneud yn haws i eraill eich gweld (gweler Rheol 3). Os nad oes croesfan i gerddwyr ar gael gerllaw, dylech groesi'r ffordd ger golau stryd fel y gall y traffig eich gweld chi'n haws.

Croesfannau
18. Wrth bob croesfan. Wrth ddefnyddio unrhyw fath o groesfan, dylech
- bob amser wneud yn siŵr fod y traffig wedi stopio cyn i chi ddechrau croesi neu wthio coetsh babi i groesfan;
- bob amser groesi rhwng y stydiau neu dros y marciau sebra. Peidiwch â chroesi wrth ochr y groesfan neu ar y llinellau igam-ogam, gan y gall fod yn beryglus.

RHAID I CHI BEIDIO â loetran ar groesfan sebra, pelican neu aderyn pâl.
Cyfreithiau ZPPPCRGD rheoliad 19 & RTRA adran 25(5)

19. Croesfannau Sebra. Rhowch ddigon o amser i'r traffig eich gweld a stopio cyn i chi ddechrau croesi. Bydd angen mwy o amser ar gerbydau pan fydd y ffordd yn llithrig. Cofiwch nad oes rhaid i'r traffig stopio nes y bydd rhywun wedi symud ar y groesfan. Arhoswch nes bydd y traffig wedi stopio o'r ddau gyfeiriad neu nes y bydd y ffordd yn glir cyn croesi. Daliwch ati i edrych i'r ddau gyfeiriad, a gwrandewch rhag ofn bod gyrrwr neu feiciwr heb eich gweld ac yn ceisio goddiweddyd cerbyd arall sydd wedi stopio.

20. Lle y ceir ynys yng nghanol croesfan sebra, arhoswch ar yr ynys a dilynwch Reol 19 cyn croesi ail hanner y ffordd – croesfan ar wahân ydyw.

21. Ger goleuadau. Gall fod arwyddion arbennig ar gyfer cerddwyr. Ni ddylech ddechrau croesi'r ffordd ond pan fydd y ffigur gwyrdd yn ymddangos. Os ydych wedi dechrau croesi'r ffordd a bod y ffigur gwyrdd yn diffodd, dylai fod gennych ddigon o amser i gyrraedd yr ochr draw, ond peidiwch ag oedi. Os nad oes unrhyw arwyddion ar gyfer cerddwyr, gwyliwch yn ofalus a pheidiwch â chroesi hyd nes y bydd y goleuadau traffig yn goch a'r traffig wedi stopio. Daliwch ati i edrych a gwyliwch am draffig a all fod yn troi'r gongl. Cofiwch y gall goleuadau traffig ganiatáu i draffig symud mewn rhai lonydd tra bydd traffig mewn lonydd eraill wedi stopio.

Ger goleuadau traffig a chroesfannau pelican

Ger croesfannau pelican yn unig

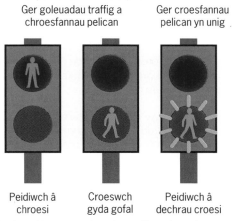

Peidiwch â chroesi

Croeswch gyda gofal

Peidiwch â dechrau croesi

Arwyddion i gerddwyr ger goleuadau traffig a chroesfannau pelican

22. Croesfannau Pelican. Dyma'r croesfannau a reolir gan arwyddion sy'n cael eu gweithio gan gerddwyr. Gwasgwch y botwm rheoli i weithio'r arwyddion traffig. Pan fydd y ffigur coch yn ymddangos, peidiwch â chroesi. Pan fydd ffigur gwyrdd llonydd yn ymddangos, gwnewch yn siŵr bod y traffig wedi stopio, yna, croeswch â gofal. Pan fydd y ffigur gwyrdd yn dechrau fflachio ni ddylech ddechrau croesi. Os ydych eisoes wedi dechrau croesi, dylai fod gennych amser i orffen croesi'n ddiogel.

23. Wrth rai croesfannau pelican, ceir sŵn bipian er mwyn arwyddo i'r deillion a phobl sy'n rhannol ddall pryd y mae'r ffigur gwyrdd llonydd yn ymddangos, a gall fod arwydd cyffyrddadwy i helpu pobl sy'n fyddar ac yn ddall.

24. Pan fydd tagfa, gall fod traffig ar eich ochr chi o'r ffordd wedi'i orfodi i stopio er bod y goleuadau'n wyrdd. Gall traffig fod yn parhau i symud ar yr ochr draw i'r ffordd, felly gwasgwch y botwm ac arhoswch i'r arwydd newid.

25. Croesfannau aderyn y pâl a thwcan. Mae'r croesfannau hyn yn wahanol i groesfannau pelican oherwydd nad oes cyfnod pan fydd ffigur gwyrdd yn fflachio. Ar groesfannau aderyn y pâl mae'r ffigurau uwchlaw'r blwch rheoli ar eich ochr chi o'r ffordd. Gwasgwch y botwm ac arhoswch hyd nes bydd y ffigur gwyrdd yn ymddangos. Ar groesfannau twcan, caniateir i seiclwyr fynd ar draws y ffordd (gweler Rheol 65).

26. Croesfannau pelican a phâl croesgam. Pan na fydd y croesfannau ar bob ochr i'r lloches ganolog mewn llinell, dwy groesfan ar wahân ydynt. Wrth gyrraedd yr ynys ganolog, gwthiwch y botwm unwaith eto ac arhoswch am y ffigur gwyrdd llonydd.

27. Croesfannau a reolir gan bersonau awdurdodedig. Peidiwch â chroesi'r ffordd oni arwyddir i chi wneud hynny gan swyddog o'r heddlu, warden traffig, neu reolwr croesfan ysgol. Dylech bob amser groesi o'u blaenau.

28. Pan nad oes unrhyw fannau croesi rheoledig ar gael, fe'ch cynghorir i groesi'r ffordd lle mae ynys yng nghanol y ffordd. Defnyddiwch Reolau'r Groes Werdd i groesi i'r ynys ac yna stopiwch a'u defnyddio eto i groesi ail hanner y ffordd.

Sefyllfaoedd sydd angen gofal arbennig

29. Cerbydau argyfwng. Os bydd ambiwlans, injan dân, cerbyd heddlu neu unrhyw gerbyd argyfwng arall yn agosáu gan ddefnyddio goleuadau glas sy'n fflachio, prif oleuadau a/neu seiren, cadwch oddi ar y ffordd.

30. Bysiau. Dylech esgyn ar fws neu fynd oddi arno pan fydd wedi stopio er mwyn i chi wneud hynny. Gwyliwch am seiclwyr wrth i chi fynd oddi arno. Peidiwch byth â chroesi yn union y tu ôl i fws neu o'i flaen; arhoswch nes y bydd wedi symud i ffwrdd a'ch bod yn gallu gweld yn glir i'r ddau gyfeiriad.

31. Tramffyrdd. Gall y rhain redeg drwy ardaloedd i gerddwyr. Bydd eu llwybr yn cael ei farcio gan gwrbin bas, newidiadau yn wyneb y ffordd neu'r palmant, llinellau gwynion neu ddotiau melyn. Croeswch wrth y croesfannau penodedig lle y maent ar gael. Gall fod goleuadau ambr sy'n fflachio i'ch rhybuddio fod yna dram yn agosáu. Mewn mannau eraill, edrychwch i'r dde a'r chwith ar hyd y trac cyn croesi. Peidiwch â cherdded ar hyd y trac. Mae tramiau'n symud yn gyflym ac yn dawel ac ni ellir eu llywio i'ch osgoi.

32. Croesfannau rheilffyrdd. Peidiwch â chroesi os bydd y goleuadau coch yn ymddangos, larwm yn canu neu'r rhwystrau'n cael eu gollwng. Bydd tôn y larwm yn newid os bydd trên arall yn agosáu. Os na fydd goleuadau, larymau na rhwystrau, stopiwch, edrychwch i'r ddau gyfeiriad a gwrandewch cyn croesi.

33. Gwaith atgyweirio'r stryd a'r palmant. Gall palmant fod ar gau dros dro oherwydd nad yw'n ddiogel i'w ddefnyddio. Cymerwch ofal arbennig os byddwch yn cael eich cyfeirio i gerdded yn y ffordd neu'i chroesi.

Rheolau ynglŷn ag anifeiliaid

Marchogion ceffylau

34. Offer diogelwch. RHAID i blant o dan 14 oed wisgo helmed sy'n cydymffurfio â'r Rheoliadau. RHAID iddi gael ei chau'n dynn. Dylai marchogion eraill ddilyn y cyngor hwn hefyd.
Cyfraith H(PHYR)R

35. Dillad eraill. Dylech wisgo
- bwtsias neu esgidiau sydd â sodlau a gwadnau caled;
- dillad lliw golau neu fflworoleuol yn ystod y dydd;
- dillad sy'n adlewyrchu golau os oes raid i chi farchogaeth yn y nos neu os bydd gwelededd gwael.

36. Yn y nos. Mae'n fwy diogel peidio â marchogaeth ar y ffordd yn y nos neu os bydd y gwelededd yn wael, ond os ydych yn gwneud hynny, sicrhewch fod y ceffylau'n gwisgo bandiau adlewyrchol uwchlaw cymalau'r egwydydd. Cariwch olau sy'n dangos gwyn i'r pen blaen a choch i'r cefn.

Marchogaeth

37. Cyn i chi fynd â cheffyl ar y ffordd, dylech
- sicrhau bod yr holl dac yn ffitio'n iawn ac mewn cyflwr da;
- gwneud yn siŵr eich bod yn gallu rheoli'r ceffyl.
Dylech bob amser farchogaeth gyda cheffylau eraill, llai nerfus, os ydych o'r farn fod eich ceffyl ofn traffig. Peidiwch byth â marchogaeth ceffyl heb gyfrwy na ffrwyn.

38. Cyn i chi gychwyn neu droi, edrychwch y tu ôl i chi er mwyn sicrhau ei bod yn ddiogel, yna, rhowch arwydd clir hefo'ch braich.

39. Wrth farchogaeth ar y ffordd, dylech
- gadw i'r chwith;
- cadw'ch dwylo ar yr awenau oni bai eich bod yn arwyddo;
- cadw'ch deudroed yn y gwartholion;
- peidio â chario person arall;
- peidio â chario dim byd a allai effeithio ar eich cydbwysedd neu a allai fynd ynghlwm â'r awenau;
- cadw ceffyl sy'n cael ei arwain gennych i'r chwith i chi;
- symud i gyfeiriad llif y traffig mewn stryd unffordd.
- peidio byth â marchogaeth mwy ba fesul dau; dylech farchogaeth mewn llinell lle y bydd y ffordd yn culháu neu'n agosáu at dro.

40. RHAID I CHI BEIDIO â mynd â cheffyl ar lwybr troed, palmant neu lwybr beicio. Defnyddiwch lwybr ceffylau lle bo'n bosibl.
Cyfreithiau HA 1835 adran 72 & R(S)A adran 129(5)

41. Dylech osgoi cylchfannau lle bynnag bo'n bosibl. Os byddwch yn eu defnyddio, dylech
- gadw i'r chwith a gwyliwch am gerbydau'n croesi'ch llwybr er mwyn gadael neu ymuno â'r gylchfan;
- rhoi arwydd i'r dde wrth farchogaeth ar draws allanfeydd er mwyn dangos nad ydych yn gadael;
- rhoi arwydd i'r chwith yn union cyn gadael y gylchfan.

Anifeiliaid eraill

42. Cŵn. Peidiwch â gadael ci allan ar y ffordd ar ei ben ei hun. Dylech ei gadw ar dennyn byr wrth gerdded ar balmant, ffordd neu lwybr a rennir â seiclwyr.

43. Pan mewn cerbyd, gwnewch yn siŵr fod cŵn neu anifeiliaid eraill yn cael eu rhwystro'n ddigonol fel na allant dynnu'ch sylw wrth i chi yrru neu eich brifo os byddwch yn stopio'n gyflym.

44. Anifeiliaid sy'n cael eu bugeilio. Dylech gadw'r rhain o dan reolaeth drwy'r adeg. Os yn bosibl, dylech anfon person arall ar hyd y ffordd o'u blaenau i rybuddio defnyddwyr eraill y ffordd, yn enwedig wrth dro neu wrth ael bryn. Mae'n fwy diogel peidio â symud anifeiliaid ar ôl iddi dywyllu, ond os byddwch chi'n gwneud hynny, yna dylech wisgo dillad sy'n adlewyrchu'r golau gan sicrhau eich bod yn cario goleuadau (gwyn o flaen yr anifeiliaid a choch y tu cefn iddynt).

Rheolau i seiclwyr

Mae'r rheolau hyn yn ychwanegol at y rheini yn yr adrannau canlynol, sy'n berthnasol i bob cerbyd (ac eithrio adran y traffyrdd ar tudalen 58). Gweler hefyd dudalen 82 ar ddewis a chynnal a chadw'ch beic.

45. Dillad. Dylech wisgo
- helmed seiclo sy'n cydymffurfio â rheoliadau cyfredol;
- dillad addas ar gyfer seiclo. Dylech osgoi dillad a all fynd ynghlwm â'r gadwyn, neu olwyn neu a all guddio'ch goleuadau;
- dillad lliw ysgafn neu fflworoleuol sy'n helpu defnyddwyr eraill y ffordd i'ch gweld yn ystod y dydd a phan fydd y golau'n wael;
- dillad sy'n adlewyrchu'r golau a/neu gyfwisgoedd (gwregys, bandiau braich neu ffêr) yn y tywyllwch.

Helpwch eich hun i gael eich gweld

46. Yn y nos RHAID i'ch beic fod â goleuadau blaen ac ôl. Mae'n **RHAID** hefyd wrth adlewyrchydd coch yn y cefn (ac adlewyrchyddion lliw ambr ar y pedalau os cafodd y beic ei gynhyrchu ar ôl 1/10/85). Gall goleuadau sy'n fflachio ac adlewyrchyddion eraill eich helpu i gael eich gweld, ond **RHAID PEIDIO** â'u defnyddio ar eu pennau eu hunain.
Cyfraith RVLR regs 18 & 24

Wrth seiclo
47. Defnyddiwch lwybrau seiclo lle bo'n ymarferol. Gallant wneud eich siwrnai'n fwy diogel.

48. Llwybrau Seiclo. Gan amlaf, bydd y rhain wedi'u lleoli i ffwrdd o'r ffordd fawr ond, yn achlysurol, fe'u ceir ar hyd llwybrau troed neu balmentydd. Gall seiclwyr a cherddwyr fod wedi eu gwahanu neu gallant rannu'r un gofod (heb eu gwahanu). Wrth ddefnyddio llwybrau ar wahân **RHAID** cadw i'r ochr a fwriedir ar gyfer seiclwyr. Cymerwch ofal wrth fynd heibio i gerddwyr, yn enwedig plant, yr henoed neu bobl anabl, a rhoi iddynt ddigon o le. Dylech bob amser fod yn barod i arafu a stopio os bydd angen.

Cyfraith HA 1835 ADRAN 72

49. Lonydd Seiclo. Dynodir y rhain gan linell wen (a all fod yn fylchog) ar hyd lôn y ffordd fawr (gweler Rheol 119). Dylech gadw oddi mewn i'r lôn lle bynnag bo'n bosibl.

50. RHAID ufuddhau i'r holl arwyddion traffig ac arwyddion goleuadau traffig.

Cyfreithiau RTA 1988 adran 36, TSRGD rheoliad 10

51. Dylech
* gadw'ch dwylo ar gyrn y beic ac eithrio wrth roi arwydd neu wrth newid gêr;
* cadw'ch deudroed ar y pedalau;
* peidio â seiclo mwy na fesul dau ochr yn ochr;
* seiclo mewn llinell ar ffyrdd cul neu brysur;
* peidio â seiclo'n agos y tu ôl i gerbyd arall;
* peidio â chario unrhyw beth a fydd yn effeithio ar eich cydbwysedd neu a all fynd ynghlwm â'ch olwynion neu'ch cadwyn;
* bod yn ystyriol o ddefnyddwyr eraill y ffordd, yn enwedig cerddwyr dall neu rannol ddall. Rhowch wybod iddynt eich bod yno pan fo angen, er enghraifft, drwy ganu'ch cloch.

52. Dylech
* edrych o'ch cwmpas cyn symud i ffwrdd o ymyl y palmant, wrth droi neu symud, i sicrhau ei bod yn ddiogel i wneud hynny. Rhowch arwydd eglur i ddangos i ddefynddwyr eraill y ffordd yr hyn rydych yn fwriadu'i wneud (gweler tudalen 71);
* edrych ymhell o'ch blaen am rwystrau ar y ffordd, megis draeniau, tyllau a cherbydau wedi'u parcio fel nad oes yn rhaid i chi wyro'n sydyn i'w hosgoi. Gadewch ddigon o le wrth fynd heibio i gerbydau sydd wedi'u parcio a gwyliwch am ddrysau sy'n cael eu hagor ar draws eich llwybr;
* cymerwch ofal arbennig ger codiadau ar y ffordd, mannau sy'n culhau a dulliau eraill o dawelu'r traffig.

53. RHAID I CHI BEIDIO â
* chario teithiwr arall oni bai bod eich beic wedi'i adeiladu neu'i addasu i'w gario;
* dal gafael ar gerbyd neu ôl-gerbyd sy'n symud;
* seiclo mewn ffordd sy'n beryglus, diofal neu anystyriol;

- seiclo o dan ddylanwad alcohol neu gyffuriau.
Cyfraith RTA 1988 adrannau 24, 26, 28, 29 & 30 fel y'i diwyigwyd gan RTA 1991

54. RHAID I CHI BEIDIO â

- seiclo ar balmant;
- gadael eich beic lle y byddai'n peryglu neu'n peri rhwystr i ddefnyddwyr eraill y ffordd neu gerddwyr, er enghraifft, yn gorwedd ar y palmant. Defnyddiwch gyfleusterau parcio beiciau os oes rhai ar gael.
Cyfreithiau HA 1835 adran 72 & R(S)A adrannau 129

55. RHAID I CHI BEIDIO â chroesi'r llinell stopio pan fydd y goleuadau traffig yn goch. Mae gan rai cyffyrdd flaen-linell stopio i'ch galluogi i symud i'ch safle o flaen traffig arall (gweler Rheol 154).
Cyfreithiau RTA 1988 adran 36, TSRGD rheoliad 10

56. Lonydd Bysiau. Ni all seiclwyr ddefnyddio'r rhain dim ond os bydd yr arwyddion yn cynnwys symbol seiclo. Gwyliwch am bobl sy'n esgyn ar fysiau neu'n dod oddi arnynt. Byddwch yn ofalus iawn wrth oddiweddyd bws neu wrth adael lôn fysiau gan y byddwch yn ymuno â llif traffig mwy prysur.

Cyffyrdd

57. Ar y chwith. Wrth ddod at gyffordd, gwyliwch am gerbydau sy'n troi i mewn neu allan o'r ffordd ochr o'ch blaen. Peidiwch â seiclo ar y tu mewn i gerbydau sy'n arwyddo neu'n arafu i droi i'r chwith.

58. Dylech roi sylw arbennig i gerbydau hir sydd angen llawer iawn o le i symud wrth gorneli. Hwyrach y bydd yn rhaid iddynt symud draw i'r dde cyn troi i'r chwith. Arhoswch hyd nes y byddent wedi gorffen symud oherwydd daw'r olwynion ôl yn agos iawn at ymyl y palmant wrth droi. Peidiwch â chael eich temtio i seiclo yn y bwlch rhyngddynt ac ymyl y palmant.

59. Ar y dde. Os ydych yn troi i'r dde, edrychwch ar y traffig er mwyn sicrhau ei bod yn ddiogel. Yna, rhowch arwydd a symudwch i ganol y ffordd. Arhoswch hyd nes bod bwlch diogel yn y traffig sy'n dod tuag atoch cyn gorffen troi. Gall fod yn fwy diogel aros ar y chwith hyd nes daw bwlch addas, neu ddod oddi ar eich beic a'i wthio ar draws y ffordd.

60. Ffyrdd Deuol. Cofiwch fod y traffig ar ffyrdd deuol yn symud yn gyflym. Wrth groesi, dylech aros am fwlch diogel ac yna croesi bob lôn yn ei thro. Cymerwch ofal arbennig wrth groesi ffyrdd ymuno â slipffyrdd.

Cylchfannau

61. Ceir manylion llawn ynglŷn â'r drefn gywir wrth gylchfannau yn Rheolau 160–166. Gall cylchfannau fod yn beryglus a dylech fynd atynt gyda gofal.

62. Efallai y teimlwch yn fwy diogel naill ai drwy gadw i'r chwith ar y gylchfan neu drwy ddod oddi ar eich beic a cherdded eich beic o'i chwmpas ar y palmant neu'r llain werdd. Os byddwch yn penderfynu cadw i'r chwith, dylech

- fod yn ymwybodol na all gyrwyr eich gweld yn hawdd;
- cymryd gofal arbennig wrth seiclo ar draws allanfeydd, ac efallai y bydd angen arwyddo i'r dde er mwyn dangos nad ydych yn gadael y gylchfan;
- gwylio am gerbydau sy'n croesi'ch llwybr i adael neu ymuno â'r gylchfan.

63. Rhowch ddigon o le i gerbydau hir gan fod angen mwy o le arnynt i symud. Peidiwch â seiclo yn y gofod sydd ei angen arnynt i fynd o gwmpas cylchfan. Gall fod yn fwy diogel i aros hyd nes y byddent wedi gadael y gylchfan.

Croesi'r ffordd

64. Peidiwch â seiclo ar draws croesfan pelican, aderyn pâl neu sebra. Dylech ddod oddi ar eich beic a'i wthio ar draws.

65. Croesfannau twcan. Croesfannau a reolir gan oleuadau yw'r rhain sy'n gadael i seiclwyr a cherddwyr groesi ar yr un pryd. Gellir eu gweithio drwy wasgu botwm. Bydd cerddwyr a seiclwyr yn gweld yr arwydd gwyrdd gyda'i gilydd. Caniateir i bobl ar gefn beic seiclo ar draws.

66. Croesfannau seiclo yn unig. Gall llwybrau seiclo ar y ddwy ochr i'r ffordd fod wedi'u cysylltu gan groesfannau sydd wedi'u harwyddo. Gellwch seiclo ar eu traws ond **RHAID I CHI BEIDIO** â chroesi hyd nes y bydd symbol seiclo gwyrdd yn ymddangos.

Cyfraith TSRGD rheoliad 33(1)

Rheolau i feicwyr modur

Mae'r rheolau hyn yn ychwanegol at y rheini yn yr adrannau canlynol sy'n berthnasol i bob cerbyd. Am anghenion trwyddedu beiciau modur, gweler tudalen 82.

Cyffredinol

67. Ar bob siwrnai, **RHAID** i'r beiciwr a'r teithiwr ar y piliwn ar feic modur, sgwter neu foped, wisgo helmed amddiffynnol. **RHAID** i helmedau gydymffurfio â'r Rheoliadau a **RHAID** iddynt gael eu cau'n dynn. Fe'ch cynghorir hefyd i wisgo rhywbeth amddiffyn y llygaid, a **RHAID** i hwnnw hefyd gydymffurfio â'r rheoliadau. Dylech ystyried gwisgo rhywbeth i amddiffyn y clustiau. Gall sgidiau cryfion, menig a dillad addas helpu i'ch diogelu os byddwch yn disgyn oddi ar y beic.
Cyfreithiau RTA 1988 sect 16&17 MC(PH)R fel y'i diwygiwyd rheol 4, RTA adran 18 & MC(EP)R fel y'i diwygiwyd rheol 4

68. **RHAID I CHI BEIDIO** â chario mwy nag un teithiwr ar y piliwn a **RHAID** iddo ef/hi eistedd ar afl y beic ar sedd briodol a dylai gadw ei (d)deudroed ar yr ataryddion troed.
Cyfraith RTA 1988 adran 23

69. Beicio yn ystod y dydd. Gwnewch eich hun mor weladwy ag sy'n bosibl o'r ochr yn ogystal ag o'r tu blaen a'r cefn. Gwisgwch helmed wen a dillad neu stribedi fflworoleuol. Hefyd, gall goleuadau wedi'u dipio hyd yn oed mewn golau dydd da eich gwneud yn fwy amlwg.

Gwnewch yn siŵr eich bod yn cael eich gweld

70. Beicio yn y tywyllwch. Gwisgwch ddillad neu stribedi sy'n adlewyrchu'r golau er mwyn gwella eich siawns o gael eich gweld yn y tywyllwch. Mae'r rhain yn adlewyrchu'r golau o brif oleuadau cerbydau eraill gan eich gwneud yn fwy gweladwy o bellteroedd mawr. Gweler Rheolau 93-96 ar gyfer gofynion goleuo.

71. Symud. Dylech fod yn ymwybodol o'r hyn sydd y tu ôl i chi ac i'r ochrau cyn gwneud unrhyw symudiad. Edrychwch y tu ôl i chi, defnyddiwch ddrychau os ydynt wedi'u gosod. Pan fyddwch yn goddiweddyd ciwiau traffig, dylech edrych am gerddwyr sy'n croesi rhwng cerbydau a cherbydau sy'n dod o gyffyrdd.
Cofiwch: Arsylwi – Arwyddo – Symud

Rheolau i yrwyr a beicwyr modur

72. Cyflwr y Cerbyd. RHAID sicrhau bod eich cerbyd ac ôl-gerbyd yn cydymffurfio â gofynion llawn Rheoliadau Cerbydau'r Ffordd (Gwneuthuriad a Defnydd) a Rheoliadau Goleuo Cerbydau'r Ffordd (Gweler tudalen 86).

73. Cyn cychwyn. Dylech sicrhau
- eich bod wedi cynllunio'ch taith a'ch bod wedi gadael digon o amser;
- nad yw' eich dillad a'ch sgidiau yn eich atal rhag defnyddio'r rheolyddion yn y ffordd gywir;
- eich bod yn gwybod ble mae'r holl reolyddion a sut i'w defnyddio cyn bod eu hangen arnoch. Mae pob cerbyd yn wahanol, peidiwch ag aros nes ei bod yn rhy hwyr i gael hyd iddynt;
- bod eich drychau a'ch sedd wedi eu haddasu'n gywir er mwyn i chi fod yn hollol gyffordus, bod gennych reolaeth lwyr a'ch bod yn gallu gweld cymaint â phosibl;
- bod ataatlyddion pen wedi'u haddasu'n iawn i leihau'r perygl o anaf i'r gwddf os digwydd damwain;

- bod gennych ddigon o danwydd cyn dechrau ar eich taith yn enwedig os yw'n golygu gyrru ar y draffordd. Gall colli pŵer fod yn beryglus wrth yrru mewn traffig.

74. Cerbyd yn towio ac yn llwytho. Fel gyrrwr

- RHAID I CHI BEIDIO â thowio mwy nag a ganiateir gan eich trwydded;
- RHAID I CHI BEIDIO â gorlwytho'ch cerbyd neu ôl-gerbyd. Ni ddylech dowio pwysau sy'n fwy na'r hyn a gymeradwyir gan wneuthurwr eich cerbyd;
- RHAID diogelu eich llwyth, ac NI DDYLAI sticio allan yn beryglus;
- dylech sicrhau fod y pwysau wedi ei rannu'n gyfartal yn eich carafán neu ar eich ôl-gerbyd. Dylai hyn sicrhau na fydd yn gwyro, nadreddu nac yn mynd allan o reolaeth. Os bydd hyn yn digwydd, tynnwch eich troed oddi ar y sbardun ac arafwch yn raddol i adennill rheolaeth.

Cyfraith CUR rheol 100, MV(DL) rheol 40

Gwregysau diogelwch

75. RHAID gwisgo gwregys diogelwch os bydd un ar gael, oni bai eich bod wedi'ch eithrio. Ymhlith y rhai a eithrir rhag eu gwisgo y mae deiliaid tystysgrifau eithrio meddygol a phobl sy'n dosbarthu nwyddau'n lleol mewn cerbyd sydd wedi'i fwriadu i'r pwrpas hwnnw.

Cyfreithiau RTA 1988 adrannau 14 & 15, MV(WSB) R & MV(WSBCFS)R

Gofynion gwregys diogelwch

Mae'r tabl hwn yn crynhoi'r prif ofynion cyfreithiol ar gyfer gwisgo gwregysau diogelwch

	SEDD FLAEN (pob cerbyd)	SEDD GEFN (ceir a bysiau mini bach*)	CYFRIFOLDEB PWY
GYRRWR	RHAID iddo gael ei wisgo *os oes un yno*		GYRRWR
PLENTYN o dan 3 blwydd oed	MAE'N RHAID i blentyn wisgo ateg priodol	MAE'N RHAID i blentyn wisgo ateg priodol *os oes un ar gael*	GYRRWR
PLENTYN 3-11 oed ac o dan 1.5 metr (tua 5 troedfedd) o daldra	MAE'N RHAID i blentyn wisgo ateg priodol *os oes un ar gael.* Os nad oes, MAE'N RHAID gwisgo gwregys diogelwch oedolyn	MAE'N RHAID i blentyn wisgo ateg priodol os oes un ar gael. Os nad oes, MAE'N RHAID gwisgo gwregys diogelwch oedolyn *os oes un ar gael*	GYRRWR
PLENTYN 12 neu 13 neu blentyn ieuengach 1.5 metr neu fwy o daldra	MAE'N RHAID gwisgo gwregys diogelwch oedolyn *os oes un ar gael*	MAE'N RHAID gwisgo gwregys diogelwch oedolyn *os oes un ar gael*	GYRRWR
TEITHIWR dros 14 oed	MAE'N RHAID ei wisgo *os oes un ar gael*	MAE'N RHAID ei wisgo *os oes un ar gael*	TEITHIWR

*Bysiau mini sy'n pwyso 2540 kg neu lai heb lwyth

19

76. RHAID i'r gyrrwr sicrhau bod pob plentyn o dan 14 oed yn gwisgo gwregys diogelwch neu'n eistedd mewn ateg plentyn wedi'i gymeradwyo. Gall fod yn sedd fabi, sedd blentyn, sedd fwster neu glustog fwster addas i bwysau a maint y plentyn dan sylw, sydd wedi'u gosod yn unol â chyfarwyddiadau'r gwneuthurwr.
Cyfreithiau RTA 1988 adrannau 14 & 15, MV(WSB) R & MV(WSBCFS)R

Gwnewch yn siŵr bod plant yn gwisgo'r ateg cywir

77. RHAID gwisgo gwregysau diogelwch mewn bysiau mini sy'n pwyso 2540 kg neu lai heb eu llwytho. Dylech eu gwisgo mewn bysiau mini mawr a bysiau pan fônt ar gael.
Cyfreithiau RTA 1988 adrannau 14 & 15, MV(WSB) R & MV(WSBCFS)R

78. Plant mewn ceir. Dylai gyrwyr sy'n cario plant mewn ceir sicrhau

- nad yw plant yn eistedd y tu ôl i'r seddau cefn mewn car ystad neu gar a'i gefn yn codi, oni bai bod sedd blentyn arbennig wedi'i gosod;
- bod y cloeon diogelwch plant ar y drysau, os ydynt wedi'u gosod, yn cael eu defnyddio pan fydd y plant yn y car;
- bod y plant yn cael eu cadw dan reolaeth;
- na fydd sedd fabi sy'n wynebu'r cefn **BYTH** yn cael ei gosod mewn sedd sy'n cael amddiffyn gyda bag awyr.

Ffitrwydd i yrru
79. Gwnewch yn siŵr eich bod yn ffit i yrru. RHAID i chi sôn wrth yr Asiantaeth Drwyddedu Gyrwyr a Cherbydau (DVLA) am unrhyw gyflwr iechyd sy'n debygol o effeithio ar eich gyrru.
Cyfraith RTA 1988 adran 94

80. Mae gyrru pan fyddwch wedi blino yn cynyddu'n sylweddol y perygl o gael damwain. Er mwyn lleihau'r perygl yma

- gwnewch yn siŵr eich bod yn ffit i yrru. Peidiwch ag ymgymryd â siwrnai hir (hirach nag awr) os ydych yn teimlo'n flinedig;
- dylech osgoi gwneud teithiau hirion rhwng hanner nos a 6yb pan fyddwch chi leiaf gwyliadwrus;

- cynlluniwch eich siwrnai fel eich bod yn cymryd digon o seibiannau. Argymhellir isafswm seibiant o bum munud ar ôl pob dwy awr o yrru;
- os byddwch yn teimlo'n gysglyd o gwbl, stopiwch mewn man diogel. Peidiwch â stopio ar lain galed y draffordd;
- y ffordd fwyaf effeithiol o wrthsefyll syrthni yw cysgu am ychydig (hyd at 15, munud) neu yfed dwy gwpaned o goffi cryf, er enghraifft. Gall awyr iach, ymarfer corff neu droi'r radio'n uwch fod o gymorth hefyd dros gyfnod byr, ond **NID** ydynt mor effeithiol.

81. Golwg. RHAID eich bod yn gallu darllen plât rhifau o bellter o 20.5 metr (67 troedfedd – tua hyd pum car) yng ngolau dydd da. Os oes raid i chi wisgo sbectol (neu lensys cyffwrdd) er mwyn gwneud hyn, RHAID i chi eu gwisgo bob amser wrth yrru. Gall yr heddlu ofyn i yrrwr, ar unrhyw adeg, ymgymryd â phrawf golwg yng ngolau dydd da.
Cyfreithiau RTA 1988 adran 96 & MV(DL)R rheol 36 & atodlen 8

82. Yn y nos neu mewn gwelededd gwael, peidiwch â defnyddio sbectol, lensys neu feisors wedi'u lliwio neu unrhywbeth a all amharu ar eich golwg.

Alcohol a chyffuriau
83. Peidiwch ag yfed a gyrru gan y bydd yn amharu'n ddifrifol ar eich crebwyll a'r hyn rydych yn gallu ei gyflawni. RHAID I CHI BEIDIO ag yfed os bydd gennych lefel alcohol anadl sy'n uwch na 35µg/1000 ml neu lefel alcohol gwaed sy'n uwch na 80mg/100ml. Bydd alcohol yn
- rhoi ymdeimlad ffug o hyder;
- lleihau cydlyniant ac yn arafu'ch ymateb;
- effeithio'ch gallu i farnu cyflymdra, pellter a pherygl;
- lleihau'ch gallu i yrru, hyd yn oed os ydych o dan y cyfyngiad cyfreithiol;
- cymryd amser i ymadael â'ch corff; gellir bod yn anabl i yrru gyda'r nos ar ôl yfed amser cinio, neu yn y bore ar ôl yfed y noson cynt. Os ydych am yfed, trefnwch ffordd arall o deithio.
Cyfraith RTA 1988 adrannau 4, 5 & 11(2)

84. RHAID I CHI BEIDIO â gyrru o dan ddylanwad cyffuriau neu foddion. Gwnewch yn siŵr o'r cyfarwyddiadau neu holwch eich meddyg neu fferyllydd. Mae defnyddio cyffuriau anghyfreithlon yn hynod beryglus. Peidiwch byth â'u cymryd cyn gyrru, does dim dal beth fydd eu heffaith, ond gallant fod hyd yn oed yn fwy difrifol nag alcohol, gan arwain at ddamwain ffordd ddifrifol neu angheuol.
Cyfraith RTA 1988 adran 4

Rheolau cyffredinol, technegau a chyngor i bob gyrrwr a beiciwr

Dylai pob gyrrwr, beiciwr modur a seiclwr ddarllen yr adran hon. Nid yw'r rheolau yn y llyfryn hwn yn rhoi hawl tramwy o dan unrhyw amgylchiadau, ond maent yn eich cynghori pryd y dylech ildio i bobl eraill. Ildiwch bob amser os bydd yn helpu i osgoi damwain.

Arwyddion

85. Mae arwyddion yn rhybuddio a rhoi gwybod i bobl eraill sy'n defnyddio'r ffordd, gan gynnwys cerddwyr, o'r hyn rydych yn bwriadu'i wneud (gweler tudalen 71). Dylech

- roi arwyddion clir mewn da bryd, ar ôl gwneud yn siŵr nad yw'n gamarweiniol i arwyddo yr adeg honno;
- eu defnyddio, os bydd angen, cyn newid cwrs neu gyfeiriad, stopio neu gychwyn;
- eu dileu ar ôl eu defnyddio;
- gwneud yn siŵr na fydd eich arwyddion yn drysu pobl eraill. Os ydych, am stopio ar ôl ffordd i'r ochr er enghraifft, peidiwch ag arwyddo hyd nes eich bod yn mynd heibio i'r ffordd. Os byddwch yn rhoi arwydd yn gynt, gall roi'r argraff eich bod yn bwriadu troi i'r ffordd. Bydd goleuadau'ch brêcs yn rhybuddio traffig y tu ôl i chi eich bod yn arafu;
- defnyddio arwydd braich i bwysleisio neu atgyfnerthu'ch arwydd os bydd angen. Cofiwch nad yw arwyddo'n rhoi blaenoriaeth i chi.

86. Hefyd, dylech
- wylio am arwyddion a roddir gan ddefnyddwyr eraill y ffordd gan fynd ymlaen dim ond os ydych yn fodlon ei bod yn ddiogel;
- bod yn ymwybodol y gall mynegydd ar gar arall fod heb ei ddiffodd.

87. RHAID i chi ufuddhau i arwyddion a roddir gan swyddogion yr heddlu a wardeiniaid traffig (gweler tudalen 72) ac arwyddion a ddefnyddir gan reolwyr croesfannau ysgol.
Cyfreithiau RTRA adran 28, RTA 1988 adran 35 a FTWO erthygl 3

Arwyddion goleuadau traffig ac arwyddion traffig
88. RHAID ufuddhau i arwyddion goleuadau (gweler tudalen 70) ac arwyddion traffig sy'n rhoi gorchmynion, gan gynnwys arwyddion goleuadau dros dro (gweler tudalennau 73 a 78). Gwnewch yn siŵr eich bod yn gwybod, yn deall ac yn

gweithredu ar bob arwydd traffig a gwybodaeth arall a marciau ar y ffordd (gweler tudalennau 74–80).
Cyfraith RTA 1988 adran 36, TSRGD rheoliadau 10,15,16,25,26 & 33

89. Trefniadau stopio'r heddlu. Os bydd yr heddlu am stopio'ch cerbyd, byddant yn tynnu'ch sylw, lle bo'n bosibl, drwy
- fflachio goleuadau glas neu brif oleuadau neu drwy ganu seiren neu gorn;
- eich cyfarwyddo i dynnu i'r ochr drwy bwyntio a/neu ddefnyddio mynegydd i'r chwith.

RHAID wedyn i chi dynnu mewn a stopio mor fuan ag y bydd yn ddiogel i wneud hynny. Yna, diffoddwch eich injan.
Cyfraith RTA 1988 adran 163

90. Fflachio prif oleuadau. Ni ddylech fflachio'ch prif oleuadau ond i roi gwybod i ddefnyddwyr eraill y ffordd eich bod yno. Peidiwch â fflachio'ch prif oleuadau mewn ymgais i herio defnyddwyr eraill y ffordd.

91. Os bydd gyrrwr arall yn fflachio'i ph/brif oleuadau, peidiwch byth â chymryd yn ganiataol mai arwydd i fynd ydyw. Penderfynwch drostoch chi'ch hun ac yna gyrrwch ymlaen yn ofalus.

92. Y corn. Ni ddylech ddefnyddio'r corn ond pan fydd eich cerbyd yn symud a bod yn rhaid i chi rybuddio defnyddwyr eraill y ffordd eich bod yno. Peidiwch â chanu'ch corn yn ymosodol. **NI DDYLECH** ddefnyddio'ch corn
- pan yn llonydd ar y ffordd;
- wrth yrru drwy ardal adeiledig rhwng 11.30 y nos a 7.00 y bore;

ac eithrio pan fydd cerbyd arall yn achosi perygl.
Cyfraith CUR rheoliad 99

Gofynion goleuo
93. RHAID i chi
- ddefnyddio prif oleuadau yn y nos, ac eithrio ar ffyrdd sydd wedi'u cyfyngu (y rheini sydd â goleuadau stryd sydd heb fod yn fwy na 185 metr (600 troedfedd) ar wahân ac sydd yn ddarostyngedig fel arfer i gyfyngiad cyflymdra o 30 mya;
- defnyddio prif oleuadau pan fydd gwelededd wedi dirywio'n ddifrifol (gweler Rheol 201);
- sicrhau bod y goleuadau ochr a golau'r plat yn cofrestru yn y cefn ynghynn gyda'r nos.

Cyfreithiau RVLR rheoliadau 24 & 25 & RV(R&L)R rheoliad 19

94. RHAID I CHI BEIDIO â

- defnyddio unrhyw oleuadau mewn ffordd a fyddai'n dallu defnyddwyr eraill y ffordd neu'n achosi anghysur iddynt;
- defnyddio goleuadau niwl yn y pen blaen neu'r cefn oni bai bod y gwelededd wedi'i leihau'n sylweddol. RHAID i chi eu diffodd pan fydd y gwelededd yn gwella er mwyn osgi dallu defnyddwyr eraill y ffordd.

Cyfraith RVLR rheoliad 27

95. Dylech hefyd

- ddefnyddio goleuadau wedi'u dipio, neu *dim-dip* os yw ar gael, yn ystod y nos mewn ardaloedd adeiledig ac mewn tywydd cymylog yn ystod y dydd, er mwyn sicrhau y gellir eich gweld;
- cadw'ch prif oleuadau wedi'u dipio wrth oddiweddyd nes eich bod ochr wrth ochr â'r cerbyd arall, ac yna, newid i'r prif olau os oes angen, oni fydd hyn yn dallu traffig sy'n dod tuag atoch;
- arafu ac, os oes angen, stopio, os ydych yn cael eich dallu gan draffig sy'n dod tuag atoch.

96. Goleuadau Rhybudd. Gellir defnyddio'r rhain pan fydd eich cerbyd yn llonydd i rybuddio ei fod yn atal y traffig dros dro. Peidiwch byth â'u defnyddio fel esgus i barcio'n beryglus neu'n anghyfreithlon. RHAID I CHI BEIDIO â defnyddio goleuadau rhybudd wrth yrru oni bai'ch bod ar drafffordd neu ffordd ddeuol ddirwystr a'ch bod angen rhybuddio gyrwyr y tu ôl i chi fod yna berygl neu rwystr o'ch blaen. Ni ddylech ond eu defnyddio yn ddigon hir i sicrhau bod rhywun wedi gweld eich rhybudd.

Cyfraith RVLR rheoliad 27

Rheoli'r cerbyd

Brecio

97. O dan amgylchiadau arferol. Y ffordd fwyaf diogel i frecio yw gwneud hynny'n gynnar ac yn ysgafn. Dylech frecio'n gadarnach wrth i chi ddechrau stopio. Codwch y pwysau oddi ar y brêc ychydig cyn i'r cerbyd stopio er mwyn osgoi stopio'n herciog.

98. Mewn achos brys. Breciwch yn syth. Ceisiwch osgoi brecio mor arw fel bod eich olwynion yn cloi. Gall olwynion wedi'u cloi beri i chi sglefrio.

99. Sglefrau. Achosir sglefrio gan yrrwr sy'n brecio, cyflymu neu lywio'n rhy arw neu yrru'n rhy gyflym ar gyfer cyflwr y ffordd. Os bydd eich car yn sglefrio, codwch eich troed ychydig oddi ar y brêc neu'r sbardun a cheisiwch lywio'n llyfn i gyfeiriad y sglefriad. Er enghraifft, os bydd cefn y cerbyd yn sglefrio i'r dde, llywiwch yn gyflym ac yn llyfn i'r dde er mwyn ei unioni.

Mae cefn y car
yn llithro i'r dde

Mae'r gyrrwr yn
llywio i'r chwith

100. ABS. Ni ddylai presenoldeb system brecio gwrth-gloi olygu eich bod yn newid y ffordd y byddwch yn brecio o'r hyn a nodir yn Rheol 97. Fodd bynnag, mewn achos brys, gwasgwch y brêc troed yn gyflym ac yn gadarn; peidiwch â gollwng y pwysau nes bydd y cerbyd wedi arafu i'r cyflymdra a ddymunir. Dylai'r ABS sicrhau y bydd rheolaeth ar y llywio'n cael ei chynnal.

101. Breciau a effeithir gan ddŵr. Os bydd yn rhaid i chi yrru drwy ddŵr dwfn, mae'n bosibl na fydd eich breciau mor effeithiol. Profwch nhw y cyfle diogel cyntaf a ddaw drwy wasgu'n dyner ar bedal y brêc er mwyn gwneud yn siŵr eu bod yn gweithio. Os nad ydynt yn hollol effeithiol, gwasgwch yn ysgafn arnynt wrth yrru'n araf. Bydd hyn yn helpu i'w sychu.

102. Hwylio mynd. Golyga hyn gerbyd sy'n teithio yn niwtral gyda phedal y cydiwr wedi'i wasgu i lawr. Peidiwch â hwylio fel hyn, beth bynnag fo'r amgylchiadau gyrru. Mae'n lleihau rheolaeth y gyrrwr oherwydd
• dileir brecio â'r injan;
• bydd cyflymdra'r cerbyd yn mynd i lawr rhiw'n cynyddu'n sydyn;
• gall cynyddu defnydd o'r brêc troed leihau'i effeithiolrwydd;
• effeithir ar ymateb y llyw, yn enwedig ar droeon a chorneli;
• gall fod yn fwy anodd i ddewis y gêr priodol pan fydd ei angen.

Cyfyngiadau cyflymdra
103. RHAID I CHI BEIDIO â mynd dros uchafswm y cyfyngiadau cyflymdra ar gyfer y ffordd a'ch cerbyd (gweler y tabl ar dudalen 26). Fel arfer, golyga goleuadau stryd fod yna gyfyngiad cyflymdra o 30 mya oni bai bod arwyddion yn dangos cyfyngiad arall.
Cyfraith RTRA adrannau 81,86,89 & sch 6

Terfynau Cyflymder

Math o gerbyd	Ardaloedd adeiledig*	Mannau eraill		Traffyrdd
		Ffyrdd un lôn	Ffyrdd deuol	
	MYA	MYA	MYA	MYA
Ceir a beiciau modur (gan gynnwys faniau sy'n tarddu o geir ac sy'n pwyso uchafswm o hyd at 2 dunnell gyda llwyth)	30	60	70	70
Ceir sy'n tynnu carafannau neu ôl-gerbydau (gan gynnwys faniau sy'n tarddu o geir a beiciau modur)	30	50	60	60
Bysiau a choetsys (heb fod dros 12 metr o hyd)	30	50	60	70
Cerbydau nwyddau (pwysau uchaf gyda llwyth heb fod dros 7.5 tunnell)	30	50	60	70†
Cerbydau nwyddau (pwysau uchaf gyda llwyth dros 7.5 tunnell)	30	40	50	60

Dyma'r terfynau cyflymder cenedlaethol ac maent mewn grym ar bob ffordd oni fydd arwyddion yn dangos yn wahanol.

*Mae'r cyfyngder 30 mya yn berthnasol i'r holl draffig ar yr holl ffyrdd yng Nghymru a Lloegr (a ffyrdd Dosbarth C a ffyrdd diddosbarth yn yr Alban) sydd â goleuadau ffordd arnynt oni fydd arwyddion yn dangos yn wahanol.

† 60 os yw'n gymalog neu'n tynnu ôl-gerbyd.

104. Y cyfyngiad cyflymdra yw'r uchafswm absoliwt ac nid yw'n golygu ei bod yn ddiogel i yrru ar y cyflymdra hwnnw beth bynnag fo'r amgylchiadau. Gall gyrru ar gyflymdra sy'n rhy gyflym i amgylchiadau'r ffordd a'r traffig fod yn beryglus. Dylech bob amser leihau eich cyflymdra

- pan fydd trefn y ffordd neu'r amgylchiadau'n beryglus, megis troeon;
- wrth rannu'r ffordd â cherddwyr a seiclwyr, yn enwedig plant a beicwyr modur;
- pan fydd amodau'r tywydd yn golygu ei bod yn fwy diogel i wneud hynny;
- wrth yrru yn y nos gan ei bod yn anos gweld defnyddwyr eraill y ffordd.

Pellteroedd stopio

105. Gyrrwch ar gyflymdra fydd yn caniatáu i chi stopio'n rhwydd oddi mewn i'r pellter y gwelwch ei fod yn glir. Dylech

- adael digon o ofod rhyngoch a'r cerbyd o'ch blaen fel y gellwch stopio'n ddiogel os bydd yn arafu neu'n stopio'n sydyn. Y rheol ddiogel yw peidio byth â mynd yn agosach na'r pellter stopio cyffredinol (gweler diagram Pellteroedd Stopio Nodweddiadol, tudalennau 28–29);
- gadael o leiaf ddwy eiliad o fwlch rhyngoch chi a'r cerbyd o'ch blaen ar ffyrdd sy'n cludo traffig cyflym. Dylech ddyblu'r bwlch o leiaf ar ffyrdd gwlyb, a'i gynyddu ymhellach fyth ar ffyrdd rhewllyd;
- cofiwch fod angen mwy o bellter i stopio ar gerbydau mawr a beiciau modur.

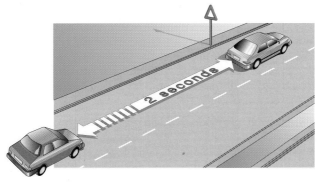

Defnyddiwch bwynt sefydlog er mwyn eich cynorthwyo i fesur ysbaid o ddwy eiliad

27

Pellteroedd Stopio Nodweddiadol

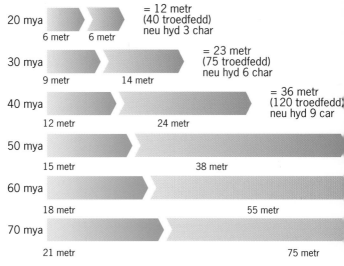

20 mya   6 metr   6 metr   = 12 metr
(40 troedfedd)
neu hyd 3 char

30 mya   9 metr   14 metr   = 23 metr
(75 troedfedd)
neu hyd 6 char

40 mya   12 metr   24 metr   = 36 metr
(120 troedfedd)
neu hyd 9 car

50 mya   15 metr   38 metr

60 mya   18 metr   55 metr

70 mya   21 metr   75 metr

Llinellau a marciau lonydd ar y ffordd

Dangosir diagramau o'r holl linellau ar dudalen 78.

106. Llinell wen fylchog. Dynoda hon ganol y ffordd. Pan fydd y llinell hon yn ymestyn a'r bylchau'n byrhau, golyga fod yna berygl o'ch blaen. Peidiwch â'i chroesi hyd nes y gellwch weld fod y ffordd yn glir ymhell o'ch blaen a'ch bod yn dymuno goddiweddyd neu droi i ffwrdd.

107. Llinellau gwynion dwbl lle mae'r llinell agosaf atoch yn fylchog. Golyga hyn y gellwch groesi'r llinellau i oddiweddyd os yw'n ddiogel ar yr amod y gellwch gwblhau'r symudiad cyn cyrraedd llinell wen ddi-dor ar eich ochr chi. Dengys saethau gwynion ar y ffordd pryd y mae angen i chi fynd yn ôl i'ch ochr chi o'r ffordd.

108. Llinellau gwynion dwbl lle mae'r llinell agosaf atoch yn ddi-dor. Golyga hyn fod yn **RHAID I CHI BEIDIO** â'i chroesi na gyrru bob ochr iddi oni bai ei bod yn ddiogel a bod angen i chi fynd i mewn i annedd neu ffordd ochr gyfunol. Gellir croesi'r llinell os oes angen er mwyn mynd heibio i gerbyd llonydd neu oddiweddyd beic pedal, ceffyl neu gerbyd cynnal a chadw, os ydynt yn teithio ar 10 mya neu lai.

Cyfraith RTA adran 36 & TSRGD rheoliadau 10 & 26

109. Rhannau o'r ffordd wedi eu peintio â streipiau gwyn lletraws neu linellau onglog. Bwriad y rhain yw gwahanu lonydd traffig neu ddiogelu traffig sy'n troi i'r dde.

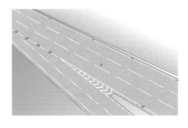

Pellter Meddwl

Pellter Brecio

hyd car ar gyfartaledd = 4 metr

= 53 metr
(175 troedfedd)
neu hyd 13 car

= 73 metr
(240 troedfedd)
neu hyd 18 car

= 96 metr
(315 troedfedd)
neu hyd 24 car

- Os yw'r rhain wedi ei hamgylchynu â llinell wen soled, ni ddylech fynd i'r rhan hon o'r ffordd ac eithrio mewn adeg o argyfwng.
- Os yw'r rhain wedi ei hamgylchynu â llinell wen doredig, ni ddylech fynd i'r rhan hon o'r ffordd oni bai bod angen ac y gallwch weld ei bod yn ddiogel i wneud hynny.
- Os yw'r llinellau ar draffordd ac yn cynnwys triongl wedi ei amgylchynu gan linellau gwyn di-dor wedi eu marcio â llinellau onglog, NI DDYLECH fynd i'r rhan hon o'r ffordd ac eithrio mewn adeg o argyfwng.

Deddf MT(E&W) R rheoliadau, 5, 9 & 10 & MT(S) R rheoliadau 4.8 & 9

110. Rhaniadau lôn. Llinellau gwyn, byr, bylchog yw'r rhain a ddefnyddir ar ffyrdd llydan i'w rhannu'n lonydd. Dylech gadw oddi mewn iddynt.

111. Gall **stydiau ffordd adlewyrchol** gael eu defnyddio gyda llinellau gwynion.

- Mae stydiau gwyn yn dynodi lonydd neu ganol y ffordd.
- Mae stydiau coch yn dynodi ymyl chwith y ffordd.
- Mae stydiau ambr yn dynodi llain ganol traffordd neu ffordd ddeuol.
- Mae stydiau gwyrddion yn dynodi ymyl y brif lôn mewn cilfannau, ffyrdd cefn a slipffyrdd.

Ffyrdd aml-lôn

Disgyblaeth lonydd

112. Os oes angen i chi newid lôn, dylech yn gyntaf ddefnyddio'ch drychau a gwirio'ch man dall (y mannau na allwch eu gweld yn y drychau) i wneud yn siŵr na fyddwch yn gorfodi gyrrwr neu feiciwr arall i wyro neu arafu. Pan fydd yn ddiogel i wneud hynny, arwyddwch i ddangos beth yw eich bwriad i ddefnyddwyr eraill y ffordd a phan fydd yn glir symudwch draw.

113. Dylech ddilyn yr arwyddion a marciau ar y ffordd a symud i'r lôn yn ôl y cyfarwyddyd. Pan fydd tagfa ar y ffordd, peidiwch â newid lôn yn ddiangen.

Ffordd sengl

114. Lle bydd gan ffordd sengl dair lôn ac nad yw'r arwyddion na'r marciau ar y ffordd yn rhoi blaenoriaeth i draffig o'r naill cyfeiriad na'r llall

- ni ddylech ddefnyddio'r lôn ganol ond i oddiweddyd neu i droi i'r dde. Cofiwch nad oes gennych fwy o hawl i ddefnyddio'r lôn ganol na gyrrwr sy'n dod o'r cyfeiriad arall;
- peidiwch â defnyddio'r lôn ar y dde.

115. Lle bydd gan ffordd sengl bedair neu ragor o lonydd, ni ddylech ond defnyddio'r y lonydd a ddangosir gan arwyddion neu farciau.

Ffordd ddeuol

116. Ar ffordd ddeuol ddwy lôn, dylech aros yn y lôn chwith. Defnyddiwch y lôn dde ar gyfer goddiweddyd neu droi i'r dde. Os byddwch yn ei defnyddio i oddiweddyd, symudwch yn ôl i'r lôn chwith pan fydd yn ddiogel i wneud hynny.

117. Ar ffordd ddeuol dair lôn, gellwch ddefnyddio'r lôn ganol neu'r lôn dde i oddiweddyd ond dylech ddychwelyd i'r canol ac yna i'r lôn chwith pan fydd yn ddiogel.

118. Lonydd dringo a lonydd araf. Darperir y rhain ar rai rhiwiau. Defnyddiwch y lonydd yma os byddwch yn gyrru cerbyd sy'n symud yn araf neu os bydd cerbydau y tu ôl i chi sydd am oddiweddyd.

119. Lonydd seiclo. Dynodir y rhain gan farciau ar y ffordd ac arwyddion. RHAID I CHI BEIDIO â gyrru na pharcio ar lôn seiclo a ddynodir gan linell wen ddi-dor pan fydd yn cael ei defnyddio. Peidiwch â gyrru na pharcio ar lôn seiclo a ddynodir gan linell wen fylchog, os bai nad oes modd osgoi hynny.

RHAID I CHI BEIDIO â pharcio mewn unrhyw lôn seiclo tra bydd cyfyngiadau aros mewn grym.
Cyfraith RTRA adrannau 5 & 8

120. Lonydd bysiau a thramiau. Dynodir y rhain gan farciau ar y ffordd ac arwyddion. **RHAID I CHI BEIDIO** â gyrru neu stopio mewn lôn dramiau neu mewn lôn fysiau pan fyddant yn cael eu defnyddio, oni bai bod yr arwyddion yn dangos y gellwch wneud hyn.
Cyfraith RTRA adrannau 5 & 8

121. Strydoedd unffordd. RHAID i'r traffig lifo i'r cyfeiriad a ddangosir gan arwyddion. Gall fod gan fysiau a/neu feiciau lôn wrthlif. Dewisiwch y lôn gywir ar gyfer eich allanfa mor fuan ag y gellwch. Peidiwch â newid lonydd yn sydyn. Oni bai bod arwyddion neu farciau ar y ffordd yn dynodi fel arall, dylech ddefnyddio
• y lôn chwith wrth fynd i'r chwith;
• y lôn dde wrth fynd i'r dde;
• y lôn fwyaf priodol wrth fynd yn syth ymlaen.
Cofiwch – gall y traffig fod yn pasio ar y ddwy ochr.
Cyfreithiau RTA 1988 adran 36 & RTRA adrannau 5 & 8

Cyngor cyffredinol

122. RHAID I CHI BEIDIO â
• gyrru'n beryglus;
• gyrru heb ofal na sylw digonol;
• gyrru heb roi ystyriaeth resymol i ddefnyddwyr eraill y ffordd.
Cyfriethiau RTA 1988 adrannau 2 & 3 fel y'i diwygiwyd gan RTA 1991

123. RHAID I CHI BEIDIO â gyrru ar, na thros balmant, llwybr troed na llwybr ceffyl ac eithrio i sicrhau mynediad cyfreithiol i eiddo.
Cyfreithiau HA 1835 adran 72 & RTA adran 34

124. Addaswch eich gyrru i'r math o ffordd rydych yn gyrru hyd-ddi a'i chyflwr. Yn anad dim
• peidiwch ag edrych ar gyfyngiadau cyflymdra fel targed. Yn aml, nid yw'n briodol nac yn ddiogel gyrru ar gyflymdra ucha'r cyfyngiad;
• ystyriwch amgylchiadau'r traffig a'r ffordd. Byddwch yn barod ar gyfer sefyllfaoedd annisgwyl neu anodd, er enghraifft, rhwystr ar y ffordd yr ochr draw i dro dall. Byddwch yn barod i addasu'ch cyflymdra rhag ofn;
• lle mae cyffyrdd, byddwch yn barod am gerbydau sy'n dechrau ymddangos;
• ar ffyrdd bychain a lonydd cefn gwlad gwyliwch am gyffyrdd sydd heb eu marcio lle nad oes gan neb flaenoriaeth;

- ceisiwch ragweld beth allai cerddwyr a beicwyr ei wneud. Os bydd cerddwyr, yn enwedig plant, yn edrych i'r cyfeiriad arall, gallent gamu i'r ffordd heb eich gweld.

125. Byddwch yn ystyriol. Byddwch yn ofalus o ddefnyddwyr eraill y ffordd ac yn ystyriol tuag atynt. Dylech
- geisio bod yn oddefgar os bydd gyrwyr eraill yn achosi problemau; efallai nad ydynt yn brofiadol iawn neu nad ydynt yn nabod yr ardal yn dda;
- bod yn amyneddgar, cofiwch y gall pawb wneud camgymeriad;
- peidio â chynhyrfu na chael eich tynnu i mewn i sefyllfa os bydd rhywun yn camymddwyn ar y ffordd. Ni fydd hyn ond yn gwaethygu'r sefyllfa. Tynnwch draw, ymdawelwch a phan fyddwch yn teimlo wedi ymlacio, parhewch â'ch siwrnai;
- arafu a dal yn ôl os bydd cerbyd yn tynnu allan i'ch llwybr wrth gyffordd. Gadewch iddo dynnu'n glir. Peidiwch â gorymateb drwy yrru'n rhy agos y tu ôl iddo.

126. Rhaid canolbwyntio i yrru'n ddiogel. Dylech osgoi pethau sy'n tynnu eich sylw wrth yrru megis
- cerddoriaeth uchel (gall hyn guddio synau eraill);
- ceisio darllen mapiau;
- rhoi casét neu CD ymlaen neu diwnio radio;
- dadlau â'ch cyd-deithiwr neu ddefnyddwyr eraill y ffordd;
- bwyta ac yfed.

Ffoniau symudol a thechnoleg yn y car
127. RHAID cadw'ch cerbyd o dan reolaeth briodol bob amser. Peidiwch byth â defnyddio ffôn symudol a ddelir â llaw na microffôn wrth yrru. Mae defnyddio offer nad oes raid eu dal â llaw hefyd yn debygol o dynnu'ch sylw oddi ar y ffordd. Mae'n llawer iawn mwy diogel peidio â defnyddio unrhyw ffôn tra byddwch yn gyrru – chwiliwch am fan diogel a stopiwch yn gyntaf.
Cyfraith RTA 1988 adrannau 2 & 3

128. Mae yna berygl y bydd sylw'r gyrrwr yn cael ei dynnu gan systemau o fewn y cerbyd megis systemau arweiniad ffordd a llywio llwybr, systemau rhybuddio rhag tagfeydd, PCs, cyfarpar aml-gyfrwng ayyb. Peidiwch â defnyddio, addasu nac edrych ar system o'r fath os bydd yn tynnu'ch sylw tra byddwch yn gyrru; **RHAID** cadw rheolaeth briodol ar eich cerbyd bob amser. Os bydd angen, chwiliwch am le diogel i stopio yn gyntaf.
Cyfraith RTA 1988 adrannau 2 & 3

Mewn traffig sy'n symud yn araf
129. Dylech

- leihau'r pellter rhyngoch chi a'r cerbyd o'ch blaen er mwyn cynnal llif y traffig;
- beidio byth â mynd mor agos at y cerbyd o'ch blaen fel na ellwch stopio'n ddiogel;
- gadael digon o le i allu symud os bydd y cerbyd o'ch blaen yn torri lawr neu os bydd cerbyd argyfwng eisiau mynd heibio;
- peidio â newid lonydd i'r chwith er mwyn goddiweddyd;
- gadael mynediad i mewn ac allan i ffyrdd cefn, gan y bydd rhwystro'r rhain yn ychwanegu at y dagfa.

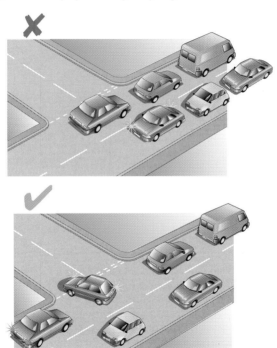

Peidiwch â blocio mynediad i gilffordd

Gyrru mewn ardaloedd adeiledig
130. Strydoedd preswyl culion. Dylech yrru'n araf ac yn ofalus ar strydoedd lle bydd cerddwyr, seiclwyr a cheir wedi'u parcio yn debygol o fod. Mewn rhai ardaloedd, gall fod cyfyngiad cyflymdra o 20 mya mewn grym. Gwyliwch am

- gerbydau sy'n ymddangos o gyffyrdd;
- cerbydau sy'n symud i ffwrdd;

- drysau ceir yn agor;
- cerddwyr;
- plant yn rhedeg allan rhwng ceir wedi'u parcio;
- seiclwyr a beicwyr modur.

131. Dulliau tawelu traffig. Ar rai ffyrdd mae yna nodweddion megis codiad yn y ffordd, rhwystrau gosod a mannau sy'n culhau a fwriedir i'ch arafu. Pan fyddwch yn dod at un o'r rhain, arafwch. Dylech adael lle i seiclwyr a beicwyr modur fynd heibio iddynt. Cadwch eich cyflymdra'n isel ar hyd y cyfan o'r ffordd sydd â'r dulliau tawelu hyn. Ildiwch i draffig sy'n dod tuag atoch os byddwch yn cael eich cyfarwyddo i wneud hynny gan arwyddion. Ni ddylech oddiweddyd cerbydau eraill sy'n symud tra byddwch yn yr ardaloedd hyn.

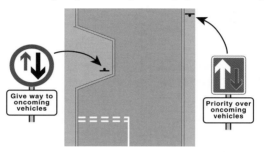

Mae'n bosibl y bydd rhwystrau gosod yn cael eu defnyddio er mwyn arafu traffig

Ffyrdd cefn gwlad

132. Cymerwch ofal arbennig ar ffyrdd cefn gwlad gan arafu wrth ddod at droeon a all fod yn dynnach nag y maent yn ymddangos, ac wrth fân gyffyrdd a throadau a all fod yn rhannol guddiedig. Byddwch yn barod am gerddwyr, marchogion ceffylau a seiclwyr yn cerdded neu'n marchogaeth yn y ffordd. Dylech hefyd arafu lle mae ffyrdd cefn gwlad yn mynd i mewn i bentrefi.

133. Ffyrdd llwybr sengl. Nid yw'r rhain ond yn ddigon llydan ar gyfer un cerbyd. Mae'n bosibl y bydd ganddynt fannau arbennig i basio. Os byddwch yn gweld cerbyd yn dod tuag atoch chi, neu os bydd y gyrrwr y tu ôl i chi am oddiweddyd, dylech dynnu i mewn i fan pasio ar y chwith neu aros gyferbyn i fan pasio ar y dde. Ildiwch i gerbydau sy'n dod i fyny rhiwiau pryd bynnag y gellwch. Os oes angen, baciwch hyd nes y byddwch yn cyrraedd man pasio i adael y cerbyd arall fynd heibio.

134. Peidiwch â pharcio mewn mannau pasio.

Defnyddio'r ffordd

Rheolau cyffredinol

135. Cyn symud i ffwrdd dylech

- ddefnyddio pob drych i wneud yn siŵr bod y ffordd yn glir;
- edrych o'ch cwmpas i wirio mannau dall (y mannau na allwch eu gweld yn y drychau);
- rhoi arwydd os oes angen cyn symud allan;
- edrych yn ôl am y tro olaf.

Peidiwch â symud i ffwrdd oni bai ei bod yn ddiogel i wneud hynny.

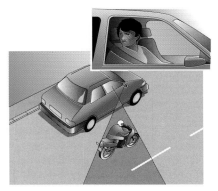

Edrychwch i gyfeiriad y smotyn dall cyn symud i ffwrdd

136. Unwaith i chi ddechrau symud dylech

- gadw i'r chwith, oni bai bod arwyddion neu farciau ar y ffordd yn dynodi fel arall. Yr eithriadau yw pan fyddwch am oddiweddyd, troi i'r dde neu basio cerbydau wedi'u parcio neu gerddwyr ar y ffordd;
- cadw ymhell draw i'r chwith ar droeon i'r dde. Bydd hyn yn rhoi gwell golwg o'r ffordd i chi ac yn helpu osgoi'r risg o fynd i wrthdrawiad â thraffig sy'n dod tuag atoch o'r cyfeiriad arall;
- cadwch eich dwy law ar y llyw lle bo'n bosibl. Bydd hyn yn eich helpu i chi gadw rheolaeth lwyr dros eich cerbyd bob amser;
- bod yn ymwybodol o gerbydau eraill, yn enwedig beiciau a beiciau modur. Mae'r rhain yn fwy anodd i'w gweld na cherbydau mwy ac mae'r bobl sy'n eu gyrru'n arbennig o ddiamddiffyn. Rhowch ddigon o le iddynt, yn enwedig os ydych yn gyrru cerbyd hir neu'n towio ôl-gerbyd;
- dewis gêr is cyn i chi gyrraedd llethr hir i lawr rhiw. Bydd hyn yn eich helpu i reoli'ch cyflymdra;
- cofio, wrth dowio, y bydd yr hyd ychwnaegol yn effeithio ar eich gallu i oddiweddyd a symud. Bydd y pwysau ychwanegol yn effeithio ar y brecio a'r cyflymu.

Drychau

137. Dylech ddefnyddio pob drych yn effeithiol drwy gydol eich taith. Dylech

- ddefnyddio'ch drychau'n aml fel y byddwch bob amser yn gwybod beth sydd y tu ôl i chi ac i bob ochr i chi;
- eu defnyddio mewn da bryd cyn arwyddo neu newid cyfeiriad neu gyflymdra;
- bod yn ymwybodol nad yw'r drychau'n dangos pob man ac y bydd yna fannau dall. Bydd angen i chi edrych o'ch cwmpas a gwneud yn siŵr

Cofiwch: Drychau – Arwyddo – Symud

Goddiweddyd

138. Cyn goddiweddyd dylech wneud yn siŵr
- fod y ffordd yn ddigon clir o'ch blaen;
- nad yw'r cerbyd y tu ôl i chi'n dechrau eich goddiweddyd;
- bod yna fwlch digonol o flaen y cerbyd rydych yn bwriadu'i oddiweddyd.

139. Ni ddylech oddiweddyd ond pan fydd yn ddiogel i wneud hynny. Dylech
- beidio â mynd yn rhy agos i'r cerbyd rydych yn bwriadu'i oddiweddyd;
- defnyddio'ch drychau, arwyddo pan fydd yn ddiogel i wneud hynny, taro cipolwg sydyn ar fan y smotyn dall ac yna dechrau symud allan;
- peidio â rhagdybio y gallwch ddilyn cerbyd o'ch blaen sy'n goddiweddyd; mae'n bosibl nad oes ond digon o le i un cerbyd;
- symud heibio i'r cerbyd rydych yn ei oddiweddyd yn gyflym, unwaith i chi ddechrau goddiweddyd. Gadewch ddigon o le. Symudwch yn ôl i'r chwith mor fuan ag y gellwch ond peidiwch â thorri i mewn;
- cymryd gofal arbennig yn y nos ac mewn gwelededd gwael pan fydd yn fwy anodd barnu cyflymdra a phellter;
- ildio i gerbydau sy'n dod tuag atoch cyn pasio cerbydau wedi'u parcio neu rwystrau eraill ar eich ochr chi o'r ffordd;
- goddiweddyd ar y chwith dim ond os bydd y cerbyd o'ch blaen yn arwyddo ei fod yn troi i'r dde, a bod digon o le i wneud hynny;
- aros yn eich lôn os bydd y traffig yn symud yn araf mewn ciwiau. Os bydd y ciw ar y dde'n symud yn arafach na chi, gellwch basio ar y chwith;
- rhoi i feicwyr modur, seiclwyr a marchogion ceffylau o leiaf cymaint o le ag y byddech yn ei roi i gar wrth oddiweddyd (gweler Rheolau 188, 189 a 191).

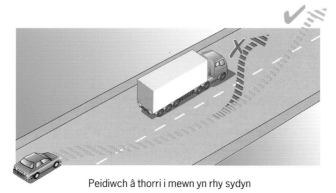

Peidiwch â thorri i mewn yn rhy sydyn

140. Cerbydau mawr. Mae goddiweddyd y rhain yn fwy anodd. Dylech

- dynnu'n ôl er mwyn cynyddu'ch gallu i weld o'ch blaen. Bydd symud yn rhy agos at gerbyd mawr yn amharu ar yr hyn rydych yn ei weld o'r ffordd o'ch blaen, a gall fod cerbyd arall sy'n symud yn ara deg o flaen hwnnw;

- gwneud yn siŵr fod gennych ddigon o le i gwblhau'ch symudiad goddiweddyd cyn mentro. Mae'n cymryd mwy o amser i fynd heibio i gerbyd mawr. Os oes amheuaeth, peidiwch â goddiweddyd;

- peidio â rhagdybio y gellwch ddilyn cerbyd o'ch blaen sydd wrthi'n goddiweddyd cerbyd hir. Os bydd problem yn datblygu, efallai y byddant yn rhoi'r gorau i'r cais ac yn tynnu'n ôl.

141. RHAID I CHI BEIDIO â goddiweddyd

- os oes raid i chi groesi neu yrru bob ochr i linellau gwynion dwbl sydd â llinell ddi-dor agosaf atoch chi (ond gweler Rheol 108);

- os oes raid i chi fynd i mewn i ardal a gynlluniwyd i rannu traffig, os bydd wedi'i hamgylchynnu gan linell wen ddi-dor;

- y cerbyd agosaf at groesfan i gerddwyr, yn enwedig pan fydd wedi stopio i adael cerddwr groesi;

- os oes raid i chi fynd i mewn i lôn sydd wedi'i chadw ar gyfer bysiau, tramiau neu seiclau yn ystod yr oriau pan fyddant yn cael eu defnyddio;

- ar ôl arwydd "Peidiwch â Goddiweddyd" hyd nes y byddwch yn pasio arwydd sy'n diddymu'r cyfyngiad.

Cyfreithiau RTA 1988 adran 36, TSRGD rhif 10, ZPPPCR rheoliad 24

142. PEIDIWCH â goddiweddyd os oes unrhyw amheuaeth, neu lle na ellwch weld yn ddigon pell o'ch blaen i fod yn siŵr a yw'n ddiogel. Er enghraifft, pan fyddwch yn agosáu at

- gornel neu dro;
- pont groca;
- ael bryn.

143. PEIDIWCH â goddiweddyd lle gallwch wrthdaro â defnyddwyr eraill y ffordd. Er enghraifft

- wrth ddod at gyffordd ar y naill ochr neu'r llall o'r ffordd;
- lle mae y lôn yn culhau;
- wrth ddod at batrôl croesfan ysgol;
- rhwng ymyl y palmant a bws neu dram pan fydd wrth arosfa;
- lle mae traffig yn ciwio wrth gyffyrdd neu waith ffordd;
- lle byddech yn gorfodi cerbyd arall i wyro neu arafu;
- wrth groesfan reilffordd;
- pan mae cerbyd yn arwyddo i'r dde, hyd yn oed os ydych o'r farn y dylai'r arwydd fod wedi'i ddileu. Peidiwch â mentro, arhoswch i'r arwydd gael ei ddileu.

144. Cael eich goddiweddyd. Os oes gyrrwr yn ceisio'ch goddiweddyd, dylech gadw at gwrs a chyflymdra cyson, gan arafu os oes angen gadael i'r cerbyd fynd heibio. Peidiwch byth â rhwystro gyrwyr sydd am basio. Mae cyflymu neu yrru'n anwadal wrth i rywun eich goddiweddyd yn beryglus. Tynnwch yn ôl er mwyn sicrhau bwlch dwy eiliad os bydd rhywun yn goddiweddyd ac yn tynnu i mewn i fwlch o'ch blaen.

145. Peidiwch â dal ciw hir o draffig, yn enwedig os ydych yn gyrru cerbyd mawr neu gerbyd sy'n symud yn araf. Edrychwch yn eich drych yn aml, ac os oes angen, tynnwch i mewn i fan diogel i adael traffig fynd heibio.

Cyffyrdd

146. Cymerwch ofal arbennig wrth gyffyrdd. Dylech

- wylio am feicwyr, beicwyr modur a cherddwyr gan nad ydynt bob amser yn hawdd i'w gweld;
- gwylio am gerddwyr sy'n croesi ffordd rydych yn troi i mewn iddi. Os ydynt wedi dechrau croesi, mae ganddynt flaenoriaeth, felly dylech ildio;

- gwylio am gerbydau hirion a all fod yn troi wrth gyffordd o'ch blaen; efallai y bydd yn rhaid iddynt ddefnyddio holl led y ffordd er mwyn troi (gweler Rheol 196);
- peidio â rhagdybio, wrth aros wrth gyffordd, fod cerbyd sy'n dod o'r dde ac sy'n arwyddo i'r chwith, am droi mewn gwirionedd. Arhoswch i wneud yn siŵr;
- peidio â chroesi nac ymuno â ffordd hyd nes y bydd bwlch sy'n ddigon mawr i chi wneud hynny'n ddiogel.

147. Wrth gyffordd sydd ag arwydd "STOP" a llinell wen, ddidor dros y ffordd, **RHAID** stopio y tu ôl i'r llinell. Arhoswch am fwlch diogel yn y traffig cyn i chi symud i ffwrdd.
Cyfreithiau RTA 1988 adran 36 & TSRGD rheoliadau 10 & 16

148. Gall fod arwydd "Ildiwch" neu driongl wedi'i farcio ar y ffordd wrth ddod at gyffordd. **RHAID** i chi ildio i draffig ar y briffordd wrth ddod allan o gyffordd sydd â llinellau gwynion bylchog ar draws y ffordd.
Cyfreithiau RTA 1988 adran 36 & TSRGD rheoliadau 10 & 25

149. Ffyrdd deuol. Wrth groesi neu droi i'r dde, dylech yn gyntaf asesu a yw'r llain ganol yn ddigon dwfn i amddiffyn hyd eich holl gerbyd.
- Os ydyw, yna, dylech drin pob hanner o'r ffordd ddeuol fel ffordd ar wahân. Arhoswch ar y llain ganol hyd nes bod bwlch diogel yn y traffig ar ail hanner y ffordd.
- Os bydd y llain ganol yn rhy fas ar gyfer hyd eich cerbyd, arhoswch nes y gellwch groesi'r ddwy lôn ar un cynnig.

Cofiwch asesu hyd eich cerbyd a pheidiwch â rhwystro traffig

150. Cyffyrdd Sgwâr. Mae gan y rhain linellau melyn crisgroes wedi'u peintio ar y ffordd (gweler tudalen 80). **RHAID I CHI BEIDIO** â mynd i mewn i'r sgwâr nes y bydd eich ffordd allan neu lôn allan yn glir. Fodd bynnag, gellwch fynd i'r sgwâr ac aros pan fyddwch am droi i'r dde, a chithau ond yn cael eich rhwystro rhag gwneud hynny gan draffig sy'n dod tuag atoch, neu gan gerbydau eraill yn aros i droi i'r dde.

Cyfraith TSRGD rheoliad 10(1)

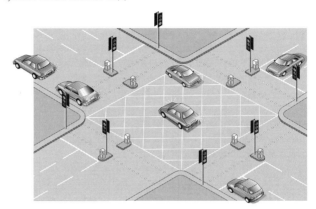

Peidiwch â mynd i mewn i gyffordd sgwâr oni bai fod eich ffordd allan yn glir

Cyffyrdd a reolir gan oleuadau traffig

151. RHAID i chi stopio y tu ôl i'r llinell wen "Stop" ar draws eich ochr chi o'r ffordd oni bai bod y golau'n wyrdd. Os bydd y golau ambr yn ymddangos, gellwch fynd yn eich blaen, ond dim ond os ydych eisoes wedi croesi'r llinell stopio neu'ch bod mor agos ati fel y gallai stopio achosi damwain.

Cyfriethiau RTA 1988 adran 36 & TSRGD rheoliadau 10 & 33

152. RHAID I CHI BEIDIO â symud yn eich blaen dros y llinell wen pan fydd y golau coch yn ymddangos. Ewch yn eich blaen pan fo'r goleuadau traffig yn wyrdd, ond dim ond os oes lle i chi groesi'r gyffordd yn ddiogel neu eich bod yn cymryd eich priod le i droi i'r dde. Os na fydd y goleuadau'n gweithio, ewch yn eich blaen yn ofalus.

Cyfreithiau RTA 1988 adran 36 & TSRGD rheoliadau 10 & 33

153. Saeth ffilter werdd. Lôn ffilter yn unig a ddangosir gan hon. Peidiwch â mynd i'r lôn honno oni bai'ch bod am fynd i gyfeiriad y saeth. Gellwch fynd i gyfeiriad y saeth werdd pan fydd hi, neu'r golau gwyrdd llawn yn ymddangos. Rhowch le ac amser i draffig arall symud i'r lôn gywir, yn arbennig seiclwyr.

154. Blaen-linellau stopio. Mae gan rai cyffyrdd blaen-linellau stopio neu flaen-ardaloedd i fysau er mwyn caniatáu i seiclwyr a bysiau fod yn eu safle priodol o flaen gweddill y traffig. RHAID i fodurwyr aros y tu ôl i'r llinell gyntaf a gyrhaeddir ganddynt, a pheidio â chroesi drosodd i'r ardal sydd wedi'i nodi. Gadewch amser a gofod i seiclwyr a bysiau symud i ffwrdd pan fydd y golau gwyrdd yn ymddangos.

Cyfreithiau RTA 1988 adran 36 & TSRGD rheoliadau 10 & 33

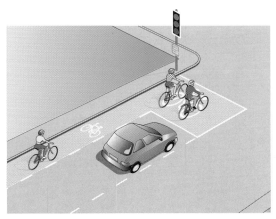

Peidiwch â gorgyffwrdd â'r rhan sydd wedi'i nodi ar gyfer seiclwyr

Troi i'r dde

155. Ymhell cyn i chi droi i'r dde, dylech

- ddefnyddio'ch drychau i sicrhau eich bod yn gwybod safle a symudiad y traffig y tu ôl i chi;
- rhoi arwydd i droi i'r dde;
- cymryd eich safle priodol ychydig i'r chwith o ganol y ffordd neu yn y gofod a nodir ar gyfer traffig sy'n troi i'r dde;
- gadael lle i gerbydau eraill fynd heibio ar y chwith os yn bosibl.

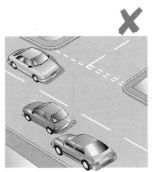 

Ewch i'ch lle priodol er mwyn osgoi rhwystro traffig

156. Arhoswch nes y bydd bwlch diogel rhyngoch ac unrhyw gerbyd sy'n dod tuag atoch. Gwyliwch am seiclwyr, beicwyr modur a cherddwyr. Edrychwch yn eich drychau ac i gyfeiriad y smotyn dall unwaith eto i wneud yn siŵr nad ydych yn cael eich goddiweddyd, yna, gwnewch y tro. Peidiwch â thorri'r gornel. Cymerwch ofal mawr wrth droi i briffordd, bydd angen i chi wylio am draffig o'r ddau gyfeiriad ac aros am fwlch diogel.

Cofiwch: Drychau – Arwyddo – Symud

157. Wrth droi wrth groesffordd lle mae cerbyd sy'n dod atoch hefyd yn troi i'r dde, mae dewis o ddau ddull;

- trowch ochr dde i ochr dde; cadwch y cerbyd arall ar y dde i chi a throwch y tu ôl iddo. Dyma gan amlaf y dull mwyaf diogel gan y gallwch weld yn glir a oes unrhyw draffig yn dod wrth gwblhau'ch tro;
- ochr chwith i ochr chwith, gan droi o flaen eich gilydd. Gall hyn eich rhwystro rhag gweld cerbydau sy'n dod, felly dylech gymryd gofal arbennig.

Gall cynllun y ffordd, marciau neu safle'r cerbyd arall benderfynu pa gwrs y dylech ei gymryd.

Troi'r ochr dde i'r ochr dde   Troi'r ochr chwith i'r ochr chwith

Troi i'r chwith

158. Defnyddiwch eich drychau a rhowch arwydd i'r chwith ymhell cyn i chi droi i'r chwith. Peidiwch â goddiweddyd yn union cyn i chi droi i'r chwith a gwyliwch am draffig sy'n dod i fyny ar y chwith i chi cyn i chi droi, yn enwedig wrth yrru cerbyd mawr. Gall seiclwyr a beicwyr modur yn arbennig fod wedi'u cuddio o'ch golwg.

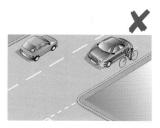
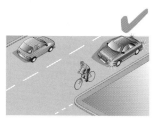

Peidiwch â thorri ar draws seiclwyr

159. Wrth droi

- cadwch mor agos at y chwith ac sy'n ddiogel ac yn ymarferol;
- ildiwch i unrhyw gerbydau sy'n defnyddio lôn fysiau, lôn seiclo neu dramffordd i'r ddau gyfeiriad.

Cylchfannau

160. Wrth agosáu at gylchfan cymerwch sylw a gweithredwch ar yr wybodaeth sydd ar gael i chi, gan gynnwys arwyddion traffig, goleuadau traffig a marciau lôn sy'n eich cyfeirio i'r lôn gywir. Dylech

- ddefnyddio **Drychau – Arwyddo – Symud** ar bob cam;
- penderfynu mor fuan ac sy'n bosibl pa allanfa y mae'n rhaid i chi'i chymryd;
- rhoi arwydd priodol (gweler Rheol 162). Amserwch eich arwyddion fel na fyddwch yn drysu defnyddwyr eraill y ffordd;
- mynd i'r lôn gywir;
- addasu'ch cyflymdra a safle i gyd-fynd ag amgylchiadau'r traffig;
- bod yn ymwybodol o gyflymdra a safle yr holl draffig o'ch cwmpas.

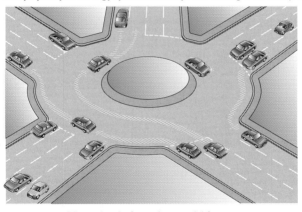

Dilynwch y drefn gywir ger cylchfannau

161. Wrth gyrraedd y gylchfan dylech

- roi blaenoriaeth i'r traffig sy'n dod o'r dde i chi, oni chyfarwyddir chi fel arall gan arwyddion, marciau ffordd neu oleuadau traffig;
- gwneud yn siŵr a yw marciau ar y ffordd yn caniatáu i chi ymuno â'r gylchfan heb ildio. Os felly, ewch yn eich blaen ond daliwch ati i edrych i'r dde cyn ymuno;
- gwylio am gerbydau sydd eisoes ar y gylchfan; byddwch yn ymwybodol y gallent fod yn arwyddo'n anghywir o bosib, neu ddim o gwbl;
- edrych yn eich blaen cyn symud i ffwrdd er mwyn sicrhau bod y traffig o'ch blaen wedi symud.

162. Arwyddion a safle, oni fydd arwyddion neu farciau'n dangos fel arall.

Wrth gymryd yr allanfa gyntaf
- rhowch arwydd i'r chwith a dewch at y gylchfan yn y lôn chwith;
- cadwch i'r chwith ar y gylchfan a daliwch i arwyddo i'r chwith i adael.

Wrth gymryd unrhyw allanfa hanner ffordd
- peidiwch ag arwyddo wrth ddod at y gylchfan;
- dewch at y gylchfan yn y lôn chwith neu'r lôn ganol ar ffordd dair lôn (ar ffordd ddwy lôn gellwch agosáu yn y lôn dde os bydd rhwystr ar y lôn chwith);
- arhoswch yn y lôn hon hyd nes bod yn rhaid i chi newid eich llwybr i adael y gylchfan;
- arwyddwch i'r chwith ar ôl i chi fynd heibio i'r allanfa sy'n dod cyn yr un sydd ei heisiau arnoch.

Wrth gymryd yr allanfa olaf neu wneud cylch llawn
- rhowch arwydd i'r dde gan agosáu yn y lôn dde;
- cadwch i'r dde ar y gylchfan hyd nes bod angen i chi newid lôn i adael y gylchfan;
- rhowch arwydd i'r chwith ar ôl i chi fynd heibio i'r allanfa sy'n dod cyn yr un sydd ei heisiau arnoch.

Pan fydd mwy na thair lôn wrth y fynedfa i gylchfan, defnydd-iwch y lôn fwyaf priodol wrth agosáu ati a mynd drwyddi.

163. Ym mhob achos, **gwyliwch am** a rhowch digon o le i
- gerddwyr a all fod yn croesi'r ffyrdd agosáu a'r ffyrdd mynd allan;
- traffig sy'n croesi o'ch blaen ar y gylchfan, yn enwedig cerbydau sy'n bwriadu gadael wrth yr allanfa nesaf;
- traffig a all fod ar draws dwy lôn neu yn y safle anghywir;
- beicwyr modur;
- seiclwyr a marchogion ceffylau a all aros yn y lôn chwith gan roi arwydd i'r dde os ydynt yn bwriadu parhau i fynd o gwmpas y gylchfan;
- cerbydau hir (gan gynnwys y rheini sy'n towio ôl-gerbydau) a all fod yn gorfod cymryd llwybr gwahanol wrth agosáu at y gylchfan, neu arni, oherwydd eu hyd. Gwyliwch am eu harwyddion.

164. Cylchfannau bach. Dylech agosáu atynt yn yr un ffordd â chylchfannau arferol. **RHAID** i bob cerbyd fynd o gwmpas y marciau canol ac eithrio cerbydau sy'n rhy fawr i wneud hynny. Cofiwch fod yna lai o ofod ar gyfer symud a llai o amser i roi arwydd. Gwyliwch am gerbydau sy'n gwneud troeon pedol.
Cyfreithiau RTA 1988 adran 36, TSRGD 10(1)

165. Wrth gylchfannau bach dwbl, dylech drin pob cylchfan ar wahân gan ildio i draffig o'r dde.

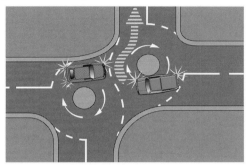

Ymdriniwch â phob cylchfan ar wahân

166. Aml-gylchfannau. Wrth rai cyffyrdd cymhleth, gall fod cyfres o gylchfannau bach wrth y croesffyrdd. Dylech drin pob cylchfan bach ar wahân a dilyn y rheolau arferol.

Croesfannau cerddwyr

167. RHAID I CHI BEIDIO â pharcio ar groesfan neu mewn llecyn a orchuddir gan linellau igam-ogam. **RHAID I CHI BEIDIO** â goddiweddyd y cerbyd agosaf at y groesfan sy'n symud na'r cerbyd agosaf at y groesfan sydd wedi stopio i ildio i gerddwyr.
Cyfreithiau ZPPPCRGD rheoliadau 18, 20 & 24 & RTRA adran 25(5)

168. Mewn ciw traffig, dylech gadw'r groesfan yn glir.

 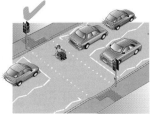

Cadwch y groesfan yn glir

169. Dylech gymryd gofal arbennig lle rhwystrir chi rhag gweld y naill ochr i'r groesfan a'r llall gan draffig sy'n ciwio neu gerbydau sydd wedi'u parcio'n anghywir. Gall cerddwyr fod yn croesi rhwng cerbydau llonydd.

170. Gadewch ddigon o amser i gerddwyr groesi a pheidiwch â'u herio drwy refio'ch injan na symud ymlaen yn ara deg.

171. Croesfannau sebra. Wrth i chi agosáu at groesfan sebra
- gwyliwch am bobl sy'n aros i groesi a byddwch yn barod i arafu neu stopio i adael iddynt groesi;
- **RHAID** i chi ildio pan fydd rhywun wedi symud ar y groesfan ei hun;
- gadewch fwy o amser wrth stopio ar ffyrdd gwlyb neu rewllyd;
- peidiwch ag annog pobl i groesi, gall hyn fod yn beryglus os oes cerbyd arall yn agosáu;
- byddwch yn ymwybodol o gerddwyr sy'n agosáu o ochr y groesfan.

Cyfreithiau ZPPPCR rheoliad 25

Croesfannau a reolir gan arwyddion

172. Croesfannau pelican. Mae'r rhain yn groesfannau a reolir gan arwyddion lle bydd golau ambr sy'n fflachio yn dilyn golau "STOP" coch. **RHAID** i chi stopio pan fydd y golau coch yn ymddangos. Pan fydd y golau ambr yn fflachio, **RHAID** i chi ildio i unrhyw gerddwyr ar y groesfan. Os bydd y golau ambr yn fflachio ac os nad oes unrhyw gerddwyr ar y groesfan, gellwch fynd yn eich blaen gyda gofal.

Cyfreithiau ZPPPCRGD rheoliad 23 & 26 & RTRA adran 25(5)

Caniatewch i gerddwyr groesi pan fo'r golau ambr yn fflachio

173. Un groesfan yw croesfannau pelican sy'n mynd yn syth ar draws y ffordd, hyd yn oed pan fydd ynys yn y canol. **RHAID** i chi aros i gerddwyr sy'n croesi o'r ochr draw i'r ynys.

Cyfreithiau ZPPPCRGD rheoliad 26 & RTRA adran 25(5)

174. Ildiwch i gerddwyr sy'n dal i groesi ar ôl i'r arwydd i gerbydau newid i wyrdd.

175. Croesfannau twcan ac aderyn y pâl. Mae'r rhain yn debyg i groesfannau pelican, ond ni cheir golau ambr yn fflachio.

Bacio

176. Dewiswch fan priodol i facio. Os oes raid i chi droi'ch car i wynebu'r ffordd arall, arhoswch nes y byddwch wedi cael hyd i le diogel. Ceisiwch beidio â bacio na throi i wynebu'r ffordd arall ar ffordd brysur; dylech gael hyd i ffordd gefn dawel neu gyrrwch o gwmpas bloc o strydoedd cefn.

177. Peidiwch â bacio allan o ffordd gefn i briffordd. Wrth ddefnyddio rhodfa, dylech facio i mewn a gyrru allan os allwch chi.

178. Edrychwch yn ofalus cyn dechrau bacio. Dylech
* ddefnyddio pob drych;
* troi i edrych ar y smotyn dall y tu ôl i chi (y rhan o'r ffordd na ellwch ei gweld yn rhwydd yn y drych);
* gwneud yn siŵr nad oes unrhyw gerddwyr, yn enwedig plant, seiclwyr neu rwystrau ar y ffordd y tu ôl i chi;
* edrych drwy'r ffenest gefn yn bennaf;
* edrych o'ch cwmpas ym mhob man cyn i chi ddechrau troi a bod yn ymwybodol y bydd pen blaen eich cerbyd yn gwyro allan wrth droi;
* cael rhywun i'ch arwain os na allwch weld yn glir.

Gwnewch yn siŵr eich bod yn edrych o'ch cwmpas wrth facio

179. RHAID I CHI BEIDIO â bacio'ch cerbyd ymhellach nag sydd angen.
Cyfraith CUR rheoliad 106

Defnyddwyr y ffordd sy'n gofyn am ofal arbennig

180. Y rhai sydd mewn mwyaf o berygl ar y ffordd yw cerddwyr, seiclwyr, beicwyr modur a marchogion ceffylau. Mae'n bwysig iawn eich bod yn ymwybodol o blant, yr henoed a phobl anabl, a gyrwyr a marchogion sy'n dysgu neu'n ddibrofiad.

Cerddwyr

181. Mewn ardaloedd trefol, mae perygl y bydd cerddwyr, yn enwedig plant, yn camu'n annisgwyl i'r ffordd. Dylech yrru gyda diogelwch plant mewn cof ar gyflymdra sy'n addas ar gyfer yr amgylchiadau.

182. Gyrrwch yn ofalus ac yn araf

- mewn strydoedd siopa prysur neu ardaloedd preswyl;
- wrth yrru heibio i arosfannau bysiau a thramiau, gall cerddwyr gamu'n ddisymwyth i'r ffordd;
- wrth fynd heibio i gerbydau sydd wedi'u parcio, yn enwedig faniau hufen iâ; mae gan blant fwy o ddiddordeb mewn hufen iâ na thraffig a gallant redeg i'r ffordd yn annisgwyl;
- pan fydd angen croesi palmant, i groesi rhodfa, er enghraifft;
- wrth facio i ffordd gefn, edrychwch o gwmpas y cerbyd i gyd ac ildiwch i unrhyw gerddwyr a all fod yn croesi'r ffordd;
- wrth droi wrth gyffyrdd; ildiwch i gerddwyr sydd eisoes yn croesi'r ffordd rydych yn troi iddi;
- lle mae'r palmant wedi'i gau oherwydd atgyweiriadau i'r stryd a lle cyfarwyddir cerddwyr i ddefnyddio'r ffordd.

Gwyliwch rhag plant mewn mannau prysur

183. Cerddwyr sy'n arbennig o ddiamddiffyn. Ymhlith y rhain y mae

- plant a'r henoed na all, hwyrach, farnu'ch cyflymdra ac a allai gamu i'r ffordd o'ch blaen. Ar 40 mya, mae'n debyg y bydd eich cerbyd yn lladd unrhyw gerddwyr y bydd yn eu taro. Ar 20 mya, ceir 1 siawns mewn 20 y lleddir cerddwr. Felly, lladdwch eich cyflymdra;

- cerddwyr mewn oed sydd angen mwy o amser, hwyrach, i groesi'r ffordd. Byddwch yn amyneddgar a'u gadael i groesi yn eu hamser eu hunain. Peidiwch â'u brysio drwy refio'ch injan na symud ymlaen yn ara deg;
- pobl ddall a rhannol ddall a all fod yn cario ffon wen (un wen â dau fand adlewyrchol ar gyfer pobl sy'n ddall a byddar), neu'n defnyddio ci tywys;
- pobl gydag anabledd. Hwyrach na fydd rhai a chanddynt broblemau clyw bob amser yn ymwybodol o'ch cerbyd yn agosáu. Mae angen mwy o amser ar rhai sydd ag anawsterau cerdded.

184. Ger ysgolion. Gyrrwch yn araf a byddwch yn arbennig o ymwybodol o seiclwyr a cherddwyr ifainc. Mewn rhai mannau, gall fod arwydd ambr yn fflachio islaw arwydd rhybudd "Ysgol" sy'n dweud wrthych y gall fod plant yn croesi'r ffordd o'ch blaen. Gyrrwch yn ofalus iawn hyd nes y byddwch allan o'r ardal.

185. Gyrrwch yn ofalus wrth fynd heibio i fws llonydd sy'n dangos arwydd "Bws Ysgol" (gweler tudalen 81) oherwydd gall fod plant yn esgyn arno neu'n dod oddi arno.

186. RHAID i chi stopio pan fydd rheolwr croesfan ysgol yn dangos arwydd "STOP" i blant (gweler tudalen 73).
Cyfraith RTRA adran 28

Beicwyr modur a seiclwyr
187. Yn aml, bydd yn anodd gweld beicwyr modur a seiclwyr, yn enwedig pan fyddant yn dod tuag atoch o'r tu ôl, yn dod o gyffyrdd ac wrth gylchfannau. Gwyliwch amdanynt bob amser pan fyddwch yn dod allan o gyffordd.

188. Wrth fynd heibio i feicwyr modur a seiclwyr, rhowch ddigon o le iddynt (gweler Rheol 139). Os byddant yn edrych dros eu hysgwydd tra byddwch yn eu dilyn, gallai hynny olygu y byddant yn ceisio troi i'r dde cyn bo hir. Rhowch amser a lle iddynt wneud hynny.

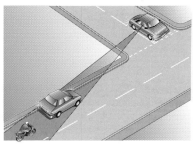

Gwyliwch rhag beicwyr modur ger cyffyrdd

189. Gallai beicwyr modur a seiclwyr fod angen osgoi wyneb ffordd anwastad yn sydyn, a rhwystrau megis caeadau draeniau neu ran olewog, gwlyb neu rewllyd o'r ffordd. Rhowch ddigon o le iddynt.

Defnyddwyr eraill y ffordd

190. Anifeiliaid. Wrth fynd heibio i anifeiliaid, gyrrwch yn araf. Rhowch ddigon o le iddynt a byddwch yn barod i stopio. Peidiwch â chodi braw ar anifeiliaid drwy ganu'ch corn neu refio'ch injan. Gwyliwch am anifeiliaid sy'n cael eu harwain neu'u marchogaeth ar y ffordd, a chymerwch ofal arbennig gan gadw'ch cyflymdra i lawr wrth droeon i'r chwith ac ar ffyrdd cefn gwlad cul. Os bydd ffordd wedi'i thagu gan haid o anifeiliaid, stopiwch a diffoddwch eich injan nes y byddant wedi gadel y ffordd. Gwyliwch am anifeiliaid ar ffyrdd sydd heb eu ffensio.

191. Marchogion ceffylau. Byddwch yn arbennig o ofalus o geffylau a marchogion, yn enwedig wrth eu goddiweddyd. Pasiwch yn araf a chan adael digon o le iddynt bob amser. Yn aml, plant yw marchogion ceffylau, felly cymerwch ofal mawr a chofiwch y gall dau geffyl gerdded ochr yn ochr â'r gilydd os yw marchog yn hebrwng marchog ifanc neu ddibrofiad. Gwyliwch am arwyddion marchogion ceffylau ac ymatebwch i gais i arafu neu stopio. Dylech drin pob ceffyl fel perygl posibl gan gymryd gofal mawr.

192. Gyrwyr oedrannus. Gall eu hymateb fod yn arafach na gyrwyr eraill. Rhaid cymryd hyn i ystyriaeth.

193. Gyrwyr sy'n dysgu ac yn ddibrofiad. Mae'n bosibl nad ydynt mor fedrus wrth ymateb i ddigwyddiadau. Byddwch yn amyneddgar iawn gyda dysgwyr a gyrwyr ifainc. Gall gyrwyr sydd newydd basio'u prawf ddangos plât neu sticer "gyrrwr newydd".

Cerbydau eraill

194. Cerbydau argyfwng. Dylech edrych a gwrando am ambiwlans, injan dân a cherbyd heddlu neu gerbyd argyfwng arall sy'n defnyddio goleuadau glas, gwyrdd neu goch sy'n fflachio, prif oleuadau neu seirenau. Pan fydd un yn agosáu, peidiwch â cholli'ch pen. Ystyriwch lwybr y cerbyd argyfwng a chymerwch y camau priodol er mwyn gadael iddo fynd heibio. Os oes angen, tynnwch i mewn i ochr y ffordd a stopiwch, ond peidiwch â pheryglu defnyddwyr eraill y ffordd.

195. Cerbydau pŵeredig a ddefnyddir gan bobl anabl. Bydd y cerbydau bychain hyn yn teithio ar uchafswm cyflymdra o 8 mya. Ar ffordd ddeuol **RHAID** iddynt fod â golau ambr sy'n fflachio, ond ar ffyrdd eraill, mae'n bosibl na cheir y rhybudd hwnnw ymlaen llaw.

Cyfraith RVLR rheoliad 17(1)

196. Cerbydau mawr. Efallai y bydd yn rhaid i'r rhain gael lle ychwanegol ar y ffordd er mwyn troi neu er mwyn delio â pherygl na ellwch ei weld. Os ydych yn dilyn cerbyd mawr, megis bws neu lori gymalog, byddwch yn barod i stopio ac aros os bydd angen lle neu amser i droi arno.

Mae cerbydau hir angen lle ychwanegol

197. Gall cerbydau mawr eich rhwystro rhag gwelch. Bydd eich gallu i weld a chynllunio ymlaen yn gwella os byddwch yn tynnu'n ôl gan gynyddu'r pellter sydd rhyngoch.

198. Bysiau, coestys a thramiau. Rhowch flaenoriaeth i'r cerbydau hyn pan fyddwch yn gallu gwneud hynny'n ddiogel, yn enwedig pan fyddant yn rhoi arwydd i dynnu allan o arosfan. Gwyliwch am bobl sy'n dod oddi ar fws neu dram ac yn croesi'r ffordd.

199. Cerbydau trydan. Byddwch yn ofalus o gerbydau trydan megis faniau llefrith a thramiau. Bydd tramiau'n symud yn gyflym ac yn dawel ac ni allant lywio i'ch osgoi.

200. Cerbydau sydd â goleuadau ambr sy'n fflachio. Mae'r rhain yn rhoi rhybudd am gerbyd sy'n symud yn araf (megis lori raenu neu gerbyd adfer) neu gerbyd sydd wedi torri lawr, felly, dylech fynd yn eich blaen gyda gofal.

Gyrru o dan amodau tywydd gwael

201. **RHAID** i chi ddefnyddio prif oleuadau pan fydd gwelededd wedi lleihau yn sylweddol, pan na ellwch weld am fwy na 100 metr (328 troedfedd) fel arfer. Gellwch hefyd ddefnyddio lampau niwl blaen a chefn (yn ogystal â'ch prif oleuadau), ond **RHAID** i chi eu diffodd pan fydd gwelededd wedi gwella (gweler Rheol 211).
Cyfraith RVLR rheoliadau 25 & 27

Tywydd gwlyb
202. Mewn tywydd gwlyb, bydd y pellteroedd stopio o leiaf ddwywaith cymaint â'r hyn sydd ei angen ar gyfer stopio ar ffordd sych (gweler tudalennau 27-29). Y rheswm am hyn yw bod gan eich teiars lai o afael yn y ffordd. Mewn tywydd gwlyb
- dylech gadw ymhell y tu ôl i'r cerbyd o'ch blaen. Bydd hyn yn cynyddu'ch gallu i weld a chynllunio ymlaen;
- os nad ywr llyw'n ymateb golyga hyn, fwy na thebyg, fod dŵr yn atal y teiars rhag gafael yn y ffordd. Tynnwch eich troed oddi ar y sbardun ac arafwch yn raddol;
- gall y glaw a'r dŵr a deflir gan gerbydau eraill ei gwneud hi'n anodd gweld a chael eich gweld.

203. Yn ystod y gaeaf, gwrandewch ar ragolygon y tywydd lleol am rybuddion o rew neu eira. **PEIDIWCH** â gyrru o dan yr amodau hyn, oni bai bod eich siwrnai'n hanfodol. Os ydyw, cymerwch ofal mawr. Ewch â rhaw, dillad cynnes, diod boeth a bwyd gyda chi rhag ofn y bydd eich cerbyd yn torri lawr.

204. Cyn cychwyn
- **RHAID** i chi fod yn gallu gweld, felly, cliriwch yr holl eira a rhew oddi ar eich ffenestri;
- **RHAID** sicrhau bod y goleuadau a'r platiau cofrestru'n lân;
- gwnewch yn siŵr fod y drychau'n glir a bod y ffenestri'n hollol glir o anwedd.
Cyfreithiau CUR & RVLR rheoliad 23

Gwnewch yn siŵr fod eich ffenest flaen yn hollol glir

205. Wrth yrru mewn tywydd rhewllyd neu eira
- gyrrwch gyda gofal, hyd yn oed os bydd y ffyrdd wedi'u graenu;
- cadwch ymhell yn ôl o'r cerbyd o'ch blaen gan y gall pellteroedd stopio fod dengwaith cymaint â'r rheini ar ffyrdd sych;
- cymerwch ofal wrth oddiweddyd cerbydau graeanu, yn enwedig os byddwch yn gyrru beic modur;
- gwyliwch am erydr eira a allai daflu eira i bob ochr. Peidiwch â'u goddiweddyd oni bai bod y lôn y bwriedir ei defnyddio wedi'i chlirio;
- byddwch yn barod ar gyfer newid yng nghyflwr y ffordd dros bellter cymharol fyr.

206. Gyrrwch yn hynod ofalus pan fydd y ffyrdd yn rhewllyd. Dylech osgoi gwneud pethau'n sydyn gan y gallai hyn achosi sglefriad. Dylech
- yrru 'n araf mewn gêr mor uchel ac sy'n bosibl; dylech ddefnyddio'r sbardun a'r brêc yn dyner iawn;
- gyrru'n hynod ofalus ar droeon lle y mae sglefrio'n fwy tebygol. Breciwch yn raddol ar y darn syth cyn i chi gyrraedd y tro. Wedi arafu, llywiwch yn esmwyth o gwmpas y tro gan osgoi gwneud unrhyw beth sydyn;
- gwirio eich gafael yn y ffordd pan fydd eira neu rew drwy ddewis lle diogel i frecio'n ofalus. Os na fydd y llyw'n ymateb, gall hyn ddangos fod yna rew a bod eich cerbyd yn colli'i afael yn y ffordd. Wrth deithio ar rew, ni fydd teiars yn gwneud fawr o sŵn.

Tywydd gwyntog
207. Cerbydau ochrau uchel yw'r rhai a effeithir fwyaf gan dywydd gwyntog, ond gall chwthwm cryf hefyd chwythu car, seiclwr, neu feiciwr modur oddi ar eu cwrs. Gall hyn ddigwydd ar ddarn o'r ffordd sy'n agored i groeswyntoedd, neu wrth fynd heibio i bontydd neu fylchau yn y clawdd.

208. Mewn tywydd gwyntog iawn, gall eich car gael ei effeithio gan gynnwrf a greir gan gerbydau mwy. Effeithir ar feicwyr modur yn arbennig, felly, cadwch ymhell yn ôl oddi wrthynt pan fyddant yn goddiweddyd cerbyd ochrau uchel.

Niwl
209. Cyn mynd i'r niwl edrychwch yn eich drychau, yna, arafwch. Os dangosir y gair "Niwl" ar arwydd wrth ochr y ffordd ond bod y ffordd yn glir, byddwch yn barod am niwl neu glytiau o niwl o'ch blaen. Hyd yn oed os yw'n ymddangos fel pe bai'n clirio, mae'n bosibl i chi gael eich hun mewn niwl trwchus yn hollol ddisymwth.

210. Wrth yrru mewn niwl dylech

- ddefnyddio'ch goleuadau yn unol â Rheol 201;
- cadw pellter diogel y tu ôl i'r cerbyd o'ch blaen. Gall goleuadau ôl roi sicrwydd ffug i rywun;
- bod yn gallu stopio o fewn y pellter y gellwch ei weld yn glir. Mae hyn yn arbennig o bwysig ar draffyrdd a ffyrdd deuol gan fod cerbydau'n symud yn gynt;
- defnyddio sychwyr ffenestri a diniwlwyr;
- gofalu rhag yrwyr nad ydynt yn defnyddio'u prif oleuadau;
- peidio â chyflymu er mwyn dianc rhag cerbyd sy'n rhag agos y tu ôl i chi;
- edrych yn eich drychau cyn i chi arafu, yna defnyddio'ch breciau fel bod goleuadau'ch breciau yn rhybuddio gyrwyr y tu ôl i chi eich bod yn arafu;
- stopio yn y safle cywir wrth gyffordd sydd â gwelededd cyfyngedig a gwrandewch am draffig. Pan fyddwch yn siŵr ei bod yn ddiogel i ddod allan, gwnewch hynny'n hyderus a pheidiwch ag oedi mewn safle sy'n eich rhoi'n union yn llwybr cerbydau sy'n dod atoch.

211. RHAID I CHI BEIDIO â defnyddio lampau niwl blaen na chefn, oni bai bod y gwelededd wedi lleihau'n ddifrifol (gweler Rheol 201) gan eu bod yn dallu defnyddwyr eraill y ffordd a gallant guddio'ch goleuadau brecio. **RHAID** i chi eu diffodd pan fydd y gwelededd yn gwella.
Cyfraith RVLR rheoliadau 25 & 27

Tywydd poeth
212. Gwnewch yn siŵr fod eich cerbyd wedi'i awyru'n dda er mwyn osgoi teimlo'n gysglyd. Byddwch yn ymwybodol y gall wyneb y ffordd fynd yn feddal neu os bydd yn glawio ar ôl cyfnod sych y gall fynd yn llithrig. Gallai'r amgylchiadau hyn effeithio ar eich gallu i lywio a brecio.

Aros a pharcio

213. RHAID I CHI BEIDIO ag aros neu barcio lle y ceir cyfyngiadau a ddangosir gan
- linellau melyn ar hyd ochr y ffordd (gweler tudalen 79);
- marciau mynedfa ysgol ar y ffordd.
Dangosir y cyfnodau pan fydd y cyfyngiadau'n berthnasol ar arwyddion talsyth, sydd gan amlaf yn ymddangos bob yn hyn a hyn ar hyd y ffordd yn gyfochrog ag ymyl y palmant.
Cyfraith RTRA adrannau 5 & 8

Parcio

214. Defnyddiwch fannau parcio oddi ar y stryd neu gilfannau a ddynodir gan linellau gwynion ar y ffordd, lle bynnag bo'n bosibl. Os oes raid i chi stopio wrth ochr y ffordd

* stopiwch mor agos ag y gellwch chi i'r ochr;
* peidiwch ag aros yn rhy agos at gerbyd sy'n dangos Bathodyn Oren. Cofiwch, mae angen mwy o le iddynt fynd allan;
* **RHAID** i chi ddiffodd yr injan, y prif oleuadau a'r lampau niwl;
* **RHAID** i chi dynnu'r brêc llaw yn dynn cyn gadael y cerbyd;
* **RHAID** i chi sicrhau nad ydych yn taro rhywun wrth agor eich drws;
* mae'n fwy diogel i'ch teithwyr (yn enwedig plant) adael y cerbyd ar yr ochr agosaf at ymyl y palmant;
* clowch eich cerbyd.

Cyfreithiau CUR rheol 98, 105 & 107 RVLR rheoliad 27, RTA 1988 adran 42

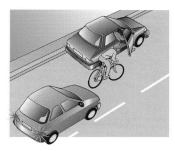

Edrychwch cyn agor eich drws

215. RHAID I CHI BEIDIO â stopio neu barcio ar

* ffordd neu lain galed y draffordd, ac eithrio mewn argyfwng (gweler Rheol 244);
* croesfan i gerddwyr, gan gynnwys yr ardal a ddynodir gan linellau igam-ogam (gweler Rheol 167);
* Clirffordd (gweler tudalen 73);
* Clirffordd Drefol, neu Glirffordd Arosfa Bws oddi mewn i'r oriau perthnasol, ac eithrio i godi cerddwyr neu'u gadael allan (gweler tudalen 73);
* ffordd sydd wedi'i marcio â llinellau gwynion dwbl, ac eithrio i godi teithwyr neu eu gadael allan;
* lôn fysiau, seiclwyr neu dramiau pan fydd yn cael ei defnyddio;
* llwybr seiclo;
* llinellau cochion, yn achos "llwybrau cochion" arbennig, oni bai y dangosir fel arall gan arwyddion.

Cyfreithiau MT (E&W)R rheoliadau 7 & 9, MT(S)R rheoliadau 6 & 8, ZPPPCRGD rheoliadau 18 & 20, RTRA adrannau 5 & 8, TSRGD rheoliadau 10 & 26, RTA 1988 adrannau 36 & 21(1)

216. RHAID I CHI BEIDIO â pharcio mewn mannau parcio a gedwir i ddefnyddwyr arbennig megis deiliaid Bathodyn Oren neu breswylwyr onid oes gennych hawl i wneud hynny.
Cyfraith RTRA adrannau 5 & 8

217. PEIDIWCH â pharcio'ch cerbyd neu ôl-gerbyd ar y ffordd lle y byddai'n peryglu, yn rhwystro neu'n peri anghyfleustra i gerddwyr a defnyddwyr eraill y ffordd. Er enghraifft, peidiwch â stopio
- yn agos at fynedfa ysgol;
- unrhyw le lle y byddech yn atal mynediad i'r gwasanaethau argyfwng;
- ger arosfan bws neu safle tacsis;
- ar ffordd sy'n agosáu at groesfan rheilffordd;
- gyferbyn â chyffordd neu o fewn 10 metr (32 troedfedd) iddi, ac eithrio mewn lle parcio awdurdodedig;
- ger ael bryn neu bont groca;
- gyferbyn ag ynys draffig neu (os bydd hyn achosi rhwystr) gerbyd arall sydd wedi'i barcio;
- lle y gellwch orfodi traffig arall i fynd i mewn i dramffordd;
- lle mae ymyl y palmant wedi'i ostwng i helpu defnyddwyr cadeiriau olwyn;
- o flaen mynedfa i eiddo;
- ar dro yn y ffordd.

218. PEIDIWCH â pharcio ar ran o'r palmant neu'r palmant ei hun oni bai bod arwyddion yn caniatáu hynny. Gall parcio ar y palmant rwystro, a bod yn hynod anghyfleus, i gerddwyr, pobl mewn cadeiriau olwyn, rhai sydd â nam ar eu golwg a phobl a phramiau neu goetshys cadair.

219. Parthau parcio cyfyngedig. Dengys arwyddion wrth fynedfa'r parth yr amseroedd y mae'r cyfyngiadau aros yn y parth mewn grym. Gellir caniatáu parcio mewn rhai mannau ar adegau eraill. Fel arall, ceir parcio o fewn cilfannau wedi eu harwyddo a'u marcio ar wahân.

220. Cerbydau nwyddau. RHAID PEIDIO â pharcio cerbydau sy'n pwyso dros 7.5 tunnell wedi'u llwytho (gan gynnwys unrhyw ôl-gerbyd) ar lain werdd, palmant neu unrhyw dir a leolir rhwng y ffyrdd heb ganiatâd yr heddlu. Yr unig eithriad yw pan mae parcio'n hanfodol ar gyfer llwytho neu ddadlwytho, ac yn yr achos hwnnw mae'n **RHAID PEIDIO** â gadael y cerbyd heb neb i ofalu amdano.
Cyfraith RTA 1988 adran 19

221. Llwytho a dadlwytho. Peidiwch â llwytho na dadlwytho lle ceir marciau melyn ar ymyl y ffordd ac arwyddion talsyth yn hysbysu cyfyngiadau ar waith (gweler tudalen 80). Gellir

caniatáu hyn lle y cyfyngir parcio fel arall. Ar lwybrau cochion, ceir cilfannau wedi eu harwyddo a'u nodi sy'n dangos ble a phryd y caniateir llwytho a dadlwytho.
Cyfraith RTRA adrannau 5 & 8

Parcio yn y nos

222. RHAID I CHI BEIDIO â pharcio ar ffordd yn y nos yn wynebu'n groes i gyfeiriad llif y traffig ac eithrio mewn man parcio cydnabyddedig.
Cyfreithiau CUR rheoliad 101 & RVLR rheoliad 24

223. **RHAID** i bob cerbyd ddangos goleuadau parcio wrth barcio ar ffordd neu gilfan ar ffordd lle y ceir cyfyngiad cyflymdra uwch na 30 mya.
Cyfraith RVLR rheoliad 24

224. Gellir parcio ceir, cerbydau nwyddau heb fod dros 1525 kg heb eu llwyth, cerbydau i'r anabl a beiciau modur heb oleuadau arnynt ar ffordd (neu mewn cilfan) gyda chyfyngiad cyflymdra o 30 mya neu lai , os byddant
- o leiaf 10 metr (32 troedfedd) oddi wrth unrhyw gyffordd, yn agos at ymyl y palmant ac yn wynebu cyfeiriad llif y traffig;
- mewn lle neu gilfan parcio cydnabyddedig.

RHAID I gerbydau ac ôl-gerbydau eraill, a phob cerbyd sydd â llwythi sy'n taflu allan **BEIDIO** â chael eu gadael ar y ffordd gyda'r nos heb oleuadau.
Cyfraith RVLR rheoliad 24

225. Parcio yn y niwl. Mae'n hynod beryglus i barcio ar y ffordd mewn niwl. Os nad oes modd osgoi hyn, gadwech eich goleuadau parcio neu ochr ymlaen.

226. Parciau ar riwiau. Os ydych yn parcio ar riw dylech
- barcio'n agos at ymyl y palmant gan dynnu'r brêc llaw'n dynn;
- dewis gêr am ymlaen a throi'r llyw oddi wrth ymyl y palmant wrth wynebu'r rhiw;
- dewis gêr facio a throi'r llyw tuag at ymyl y palmant wrth wynebu i lawr rhiw;
- defnyddio "park" os mai blwch gêr awtomatig sydd gan eich car.

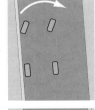

Traffyrdd

Mae llawer iawn o Reolau eraill sy'n berthnasol i yrru ar y draffordd naill ai'n gyfan gwbl neu'n rhannol: Rheol 43, 67–105, 109–113, 118, 122, 126–128, 135, 137, 194, 196, 200, 201–212, 248–252, 254–264.

Cyffredinol

227. Cerbydau gwaharddedig. RHAID I gerddwyr, deiliaid trwyddedau gyrru ceir neu feiciau modur, onis eithrir hwy, beicwyr modur ar feiciau o dan 50cc, seiclwyr a marchogion ceffylau **BEIDIO** â defnyddio'r draffordd. Gwaherddir hefyd rai cerbydau araf a'r rheini sy'n cario llwythi enfawr (ac eithrio gyda chaniatâd arbennig), cerbydau amaethyddol a'r rhan fwyaf o gerbydau i'r anabl.
Cyfreithiau HA 1980 adrannau 16, 17 & atodlen 4, MT(E&W)R rheoliad 4, MT(E&W)(A)R, R(S)A adrannau 7 ,8 & atodlen 3 & MT(S)R rheoliad 10

228. Bydd traffig ar draffyrdd fel arfer yn teithio'n gynt nag ar ffyrdd eraill, felly bydd gennych lai o amser i ymateb. Mae'n hynod bwysig defnyddio'ch drychau yn gynt ac edrych llawer iawn ymhellach o'ch blaen nag y byddech ar ffyrdd eraill.

Arwyddion Traffyrdd

229. Defnyddir arwyddion traffyrdd (gweler tudalen 70) i'ch rhybuddio o berygl sydd o'ch blaen. Er enghraifft, gall fod damwain, niwl, neu lwyth wedi'i ollwng na fyddech yn gallu ei weld yn syth.

230. Mae arwyddion a leolir ar y llain ganol yn berthnasol i bob lôn. Ar rannau prysur iawn, gall yr arwyddion fod uwchben gydag arwydd ar wahân i bob lôn.

231. Goleuadau ambr yn fflachio. Rhybudd yw'r rhain o berygl o'ch blaen. Gall yr arwyddion ddangos cyfyngiad uchafswm cyflymdra dros dro, lonydd sydd ar gau neu neges megis "Niwl". Addaswch eich cyflymdra a gwyliwch am y perygl hyd nes y byddwch yn mynd heibio i arwydd nad yw'n fflachio, neu sy'n dangos fod popeth yn iawn eto, a gellwch fod yn siŵr ei bod yn ddiogel cyflymu eto.

232. Goleuadau coch yn fflachio. Os bydd goleuadau coch ar yr arwyddion uwchben yn flachio uwchlaw'ch lôn chi, (gall hefyd ddangos X goch), **RHAID I CHI BEIDIO** â mynd heibio i'r arwydd yn y lôn honno. Os bydd goleuadau coch yn fflachio ar arwydd ar y llain ganol neu ar ochr y ffordd **RHAID I CHI BEIDIO** â mynd heibio i'r arwydd mewn unrhyw lôn.
Cyfreithiau RTA 1988 adran 36 & TSRGD rheoliad 10

Gyrru ar y drafffordd

Ymuno â'r drafffordd

233. Wrth ymuno â'r drafffordd, byddwch, fel arfer, yn dod ati o ffordd ar y chwith (slipffordd) neu o drafffordd gyfunol. Dylech

- roi blaenoriaeth i draffig sydd eisoes ar y drafffordd;
- gwylio'r traffig sydd ar y drafffordd gan addasu'ch cyflymdra i ffitio'n ddiogel i lif y traffig yn y lôn chwith;
- peidio â chroesi llinellau gwynion di-dor sy'n gwahanu lonydd;
- aros ar y slipffordd os bydd yn parhau fel lôn ychwanegol ar y drafffordd;
- aros yn y lôn chwith yn ddigon hir i addasu i gyflymdra'r traffig cyn ystyried goddiweddyd.

Ar y drafffordd

234. Pan ellwch weld ymhell o'ch blaen a bod yr amodau ar y ffordd yn dda, dylech

- yrru ar gyflymdra hwylio cyson y gellwch chi a'ch cerbyd ddygymod ag ef yn ddiogel ac sydd o fewn y cyfyngiad cyflymdra (gweler y tabl ar dudalen 26);
- cadw pellter diogel oddi wrth y cerbyd o'ch blaen a chynyddu'r bwlch ar ffyrdd gwlyb neu rewllyd neu mewn niwl (gweler Rheoliadau 105 a 210).

235. RHAID I CHI BEIDIO â mynd yn gynt na 70 mya, neu'r cyfyngiad cyflymdra uchaf y ganiateir i'ch cerbyd (gweler tudalen 26). Os bydd cyfyngiad cyflymdra is mewn grym, boed yn barhaol neu dros dro, wrth waith ar y ffordd er enghraifft, RHAID I CHI BEIDIO â mynd yn gynt na'r cyfyngiad is. Ar rai traffyrdd, defnyddir arwyddion trafffordd mandadol (sy'n dangos y cyflymdra o fewn cylch coch), i amrywio'r cyfyngiad cyflymdra uchaf er mwyn gwella llif y traffig. RHAID I CHI BEIDIO â mynd yn gynt na'r cyfyngiad cyflymdra.
Cyfraith RTRA adrannau 17, 86, 89 & atodlen 6

236. Gall undonedd gyrru ar drafffyrdd beri i chi deimlo'n gysglyd. I leihau'r risg, dilynwch gyngor Rheol 80.

237. RHAID I CHI BEIDIO â bacio, croesi'r llain ganol na gyrru yn erbyn llif y traffig. Os ydych wedi mynd heibio'ch allanfa, neu wedi cymryd y ffordd anghywir, daliwch i fynd at yr allanfa nesaf.
Cyfreithiau MT(E&W)R rheoliadau 6 & 7 & MT(S)R rheoliadau 4 & 7

Disgyblaeth lonydd

238. Dylech yrru yn y lôn chwith os yw'r ffordd o'ch blaen yn glir. Os ydych yn goddiweddyd nifer o gerbydau sy'n symud yn arafach, gall fod yn fwy diogel i aros yn y lôn ganol neu allanol hyd nes y bydd y symudiad wedi'i gwblhau yn hytrach na newid lonydd o hyd. Dychwelwch i'r lôn chwith unwaith i chi oddiweddyd yr holl gerbydau neu os ydych yn dal traffig y tu ôl i chi. Dylai cerbydau araf neu y cyfyngir eu cyflymdra deithio bob amser yn lôn chwith y drafffordd oni bai eu bod yn goddiweddyd. **RHAID PEIDIO** â gyrru ar y llain galed ac eithrio mewn argyfwng neu os y'ch cyfarwyddir i wneud hynny gan arwyddion.

Cyfreithiau MT(E&W)R rheoliad 5 & MT(S)R rhif 4

239. RHAID PEIDIO â defnyddio lôn dde trafffordd tair lôn (ac eithrio o dan amgylchiadau penodedig) os ydych yn gyrru
- unrhyw gerbyd sy'n tynnu ôl-gerbyd;
- cerbyd nwyddau sy'n pwyso dros uchafswm o 7.5 tunnell wedi'i lwytho;
- cerbyd teithwyr sy'n pwyso uchafswm o dros 7.5 tunnell wedi'i lwytho a fwriadwyd neu a addaswyd i gario mwy nag wyth o deithwyr ar eu heistedd yn ogystal â'r gyrrwr.

Cyfreithiau MT(E&W)R rheoliad 12 & MT(S)R rheoliad 11A

240. Wrth agosáu at gyffordd. Edrychwch ymhell o'ch blaen am unrhyw arwyddion. Gall arwyddion cyfeirio gael eu gosod uwchben y ffordd. Os oes angen i chi newid lonydd, dylech wneud hynny mewn da bryd. Wrth rai cyffyrdd gall lôn arwain yn uniongyrchol oddi ar y drafffordd. Ni ddylech fynd i'r lôn honno oni bai eich bod am fynd i'r cyfeiriad a ddangosir gan yr arwyddion uwchben.

Goddiweddyd

241. Peidiwch â goddiweddyd oni bai eich bod yn siŵr ei bod yn ddiogel i wneud hynny. Dylech oddiweddyd ar y dde yn unig ac.
- edrych yn eich drychau;
- cymryd amser i farnu pob cyflymdra'n iawn;
- gwneud yn siŵr fod y lôn y byddwch yn ymuno â hi yn ddigon clir o'ch blaen a'r tu ôl;
- cymryd cipolwg sydyn i fan y smotyn dall i gadarnhau safle cerbyd a allai fod wedi diflannu o'ch golwg yn y drych;
- cofiwch y gall fod traffig yn dod y tu ôl i chi'n gyflym iawn. Edrychwch yn ofalus yn eich drych. Pan fydd yn ddiogel i wneud hynny, rhowch arwydd mewn da bryd, yna symudwch allan;
- sicrhau na fyddwch yn torri mewn ar y cerbyd a oddiweddwyd gennych;
- bod yn hynod ofalus yn y nos ac mewn gwelededd gwael pan fydd yn anos barnu cyflymdra a phellter.

242. Peidiwch â goddiweddyd ar y chwith na symud i lôn ar eich chwith i oddiweddyd. Mewn tagfeydd, lle mae lonydd traffig cyfagos yn symud ar gyflymdra tebyg, gall traffig yn y lôn chwith weithiau fod yn symud yn gynt na thraffig i'r dde. O dan yr amgylchiadau hyn, gellwch gadw i fyny â'r traffig yn eich lôn hyd yn oed os golyga hyn fynd heibio i draffig yn y lôn i'r dde. Peidiwch â gweu o'r naill lôn i'r llall er mwyn goddiweddyd.

243. RHAID I CHI BEIDIO â defnyddio'r llain galed i oddiweddyd.
Cyfreithiau MT(E&W)R rheoliadau 5 & 9 & MT(S)R rheoliad 4

Stopio
244. RHAID I CHI BEIDIO â stopio ar y ffordd, llain galed, slipffordd, llain ganol na'r llain werdd ac eithrio mewn argyfwng, neu lle y gofynnir i chi wneud hynny gan yr heddlu, arwydd argyfwng neu arwydd golau coch yn fflachio.
Cyfreithiau MT(E&W)R rheoliadau 7(1), 9 & 10 & MT(S)R rheoliadau 6(1), 8 & 9

245. RHAID I CHI BEIDIO â chodi na rhoi neb i lawr, na cherdded ar drafffordd, ac eithrio mewn argyfwng.
Cyfreithiau RTRA adran 17 & MT(E&W)R rheoliad 15

Gadael y draffordd
246. Oni ddengys arwyddion fod lôn yn arwain yn uniongyrchol oddi ar y draffordd, fel arfer, byddwch yn gadael y draffordd ar hyd slipffordd ar y chwith i chi. Dylech
- wylio am arwyddion sy'n eich hysbysu eich bod yn agosáu at eich allanfa;
- symud i'r lôn chwith ymhell cyn cyrraedd eich allanfa;
- rhoi arwydd i'r chwith mewn da bryd ac arafu ar y slipffordd fel bo angen.

247. Wrth adael y draffordd neu ddefnyddio lôn gyswllt rhwng traffyrdd, gall eich cyflymdra fod yn uwch na'r hyn feddyliech chi – gall 50 mya deimlo fel 30 mya. Edrychwch ar eich cloc cyflymdra gan addasu'ch cyflymdra'n ôl y galw. Bydd gan rai slipffyrdd a ffyrdd cyswllt droeon cas a bydd yn rhaid i chi arafu.

Torri lawr a damweiniau

Torri lawr

248. Os yw'ch cerbyd yn torri lawr, meddyliwch yn gyntaf am ddefnyddwyr eraill y ffordd a

- chael eich cerbyd oddi ar y ffordd, os yn bosibl;
- rhybuddiwch unrhyw draffig arall drwy ddefnyddio'ch goleuadau rhybudd os yw eich cerbyd yn achosi rhwystr;
- rhowch driongl rhybudd ar y ffordd o leiaf 45 metr (147 troedfedd) y tu ôl i'ch cerbyd ar yr un ochr o'r ffordd, neu defnyddiwch ddyfeisiadau rhybuddio priodol eraill os ydynt gennych. Cymerwch ofal mawr bob amser wrth eu gosod, ond peidiwch byth â'u defnyddio ar draffyrdd;
- cadwch eich golau bach ymlaen os yw hi'n dywyll neu'r gwelededd yn wael;
- peidiwch â sefyll (neu adael i neb arall sefyll) rhwng eich cerbyd a'r traffig sy'n dod;
- yn y nos neu mewn gwelededd gwael, peidiwch â sefyll lle y byddwch yn rhwystro defnyddwyr eraill y ffordd rhag gweld eich goleuadau.

Rheolau ychwanegol i'r draffordd

249. Os bydd gan eich cerbyd broblem, gadewch y draffordd wrth yr allanfa nesaf neu tynnwch i mewn i ardal wasanaethu. Os na fedrwch wneud hynny, dylech

- dynnu draw i'r llain galed gan stopio mor bell i'r chwith ag sy'n bosibl, gyda'ch olwynion wedi'u troi i'r chwith;
- ceisio stopio ger ffôn argyfwng (a leolir bob rhyw filltir ar hyd y llain galed);
- gadael y cerbyd drwy'r drws chwith a sicrhau bod eich teithwyr yn gwneud yr un peth. **RHAID** gadael unrhyw anifeiliaid yn y cerbyd neu, mewn argyfwng, eu cadw dan reolaeth ar y llain werdd;
- peidio â rhoi cynnig ar yr atgywiriadau symlaf hyd yn oed;
- sicrhau bod teithwyr yn cadw draw o'r ffordd a'r llain galed, a bod plant yn cael eu cadw o dan reolaeth;
- cerdded at ffôn argyfwng ar eich ochr chi o'r ffordd (gan ddilyn y saethau neu'r pyst ar gefn y llain galed) – ffôn di-dâl ydyw sy'n eich cysylltu'n uniongyrchol â'r heddlu. Defnyddiwch hwn yn hytrach na ffôn symudol (gweler Rheol 257);
- rhoi manylion llawn i'r heddlu; hefyd dylech eu hysbysu os ydych yn yrrwr diymgeledd megis gwraig yn teithio ar ei phen ei hun;
- dychwelyd ac aros ger eich cerbyd (ymhell oddi wrth y ffordd a'r llain galed);

- os ydych yn teimlo dan fygythiad gan berson arall, dychwelwch i'ch cerbyd drwy'r drws chwith gan gloi pob drws. Gadewch eich cerbyd eto cyn gynted ag y teimlwch fod y perygl yma drosodd.

Cyfriethiau MT(E&W)R rheoliad 14 & MT(S)R rheoliad 12

Cadwch ymhell oddi wrth y llain galed

250. Cyn ailymuno â'r ffordd ar ôl torri lawr, codwch eich cyflymdra ar y llain galed ac edrychwch am fwlch diogel yn y traffig. Byddwch yn ymwybodol y gall cerbydau eraill fod yn llonydd ar y llain galed.

251. Os na allwch gael eich cerbyd ar y llain galed
- peidiwch â cheisio gosod unrhyw ddyfais rhybuddio ar y ffordd;
- rhowch eich goleuadau rhybuddio ymlaen;
- gadewch eich cerbyd dim ond pan ellwch fynd oddi ar y ffordd yn ddiogel.

Gyrwyr anabl
252. Os oes gennych anabledd sy'n eich atal rhag dilyn y cyngor uchod, dylech
- aros yn eich cerbyd;
- diffodd eich goleuadau rhybudd;
- dangos baner "Help" neu, os oes gennych ffôn car neu ffôn symudol, cysylltwch â'r gwasanaethau argyfwng a byddwch yn barod i'w hysbysu o'ch lleoliad.

Rhwystrau
253. Os bydd rhywbeth yn syrthio oddi ar eich cerbyd (neu unrhyw gerbyd arall) i'r ffordd, ni ddylech stopio i'w godi dim ond pan fydd yn ddiogel i wneud hynny.

254. Traffyrdd. Ar draffordd, peidiwch â cheisio symud y rhwystr eich hunan. Stopiwch wrth y ffôn argyfwng nesaf a ffoniwch yr heddlu.

Damweiniau

255. Goleuadau rhybudd neu oleuadau'n fflachio. Os byddwch yn gweld neu glywed cerbydau argyfwng yn y pellter, byddwch yn ymwybodol y gall fod damwain o'ch blaen.

256. Wrth basio damwain, peidiwch â chael eich llygad-dynnu nac arafu'n ddiangen (er enghraifft, os yw'r ddamwain ar yr ochr draw i ffordd ddeuol). Gall hyn achosi damwain arall neu dagfa, ond gweler Rheol 257.

257. Os ydych mewn damwain neu'n stopio i roi cymorth

- defnyddiwch eich goleuadau rhybudd i rybuddio unrhyw draffig arall;
- gofynnwch i yrwyr ddiffodd injan eu cerbydau a pheidio ag ysmygu;
- trefnwch i'r gwasanaeth argyfwng gael eu galw yn syth gyda manylion llawn am leoliad y ddamwain ac unrhyw glwyfedigion (ar draffordd, defnyddiwch y ffôn argyfwng sy'n hwyluso lleoli'r ddamwain i'r gwasanaethau argyfwng. Os ydych yn defnyddio ffôn symudol, gwnewch yn siŵr eich bod yn ymwy bodol o'ch lleoliad o'r pyst marcio wrth ochr y llain galed yn gyntaf);
- symudwch bobl sydd heb eu hanafu oddi wrth y cerbydau i fan diogel; ar draffordd, os yn bosibl, dylai hyn fod ymhell oddi wrth y traffig, y llain galed a'r llain ganol;
- peidiwch â symud pobl sydd wedi'u hanafu o'u cerbydau oni bai bod perygl uniongyrchol y bydd tân neu ffrwydrad;
- peidiwch â thynnu helmed beiciwr modur oni bai bod yn rhaid gwneud hynny;
- byddwch yn barod i roi cymorth cyntaf fel y dangosir ar dudalennau 92–93;
- arhoswch wrth y ddamwain hyd nes y bydd y gwasanaethau argyfwng yn cyrraedd.

Os ydych mewn unrhyw argyfwng meddygol arall ar y draffordd, cysylltwch â'r gwasanaethau argyfwng yn yr un modd.

Damweiniau lle y ceir nwyddau peryglus

258. Dynodir cerbydau sy'n cario nwyddau peryglus mewn pecynnau gan blatiau oren plaen, adlewyrchol. Bydd gan danceri ffordd a cherbydau sy'n cario cynhwysyddion tanc â nwyddau peryglus ynddynt blatiau rhybudd (gweler tudalen 81).

259. Os bydd damwain yn cynnwys cerbyd sy'n cario nwyddau peryglus, dilynwch y cyngor yn Rheol 257 ac yn arbennig

- diffoddwch bob injan a **PHEIDIWCH AG YSMYGU**;
- cadwch ymhell oddi wrth y cerbyd a pheidiwch â chael eich temtio i achub clwyfedigion gan y gallech gael eich anafu eich hunan;
- galwch y gwasanaethau argyfwng a rhowch gymaint o wybodaeth ac sy'n bosibl am y labeli a marciau ar y cerbyd. **PEIDIWCH** â defnyddio ffôn symudol yn agos at gerbyd sy'n cario llwyth hylosg.

Dogfennaeth

260. Os ydych mewn damwain sy'n achosi difrod neu anaf i unrhyw berson, cerbyd, anifail neu eiddio arall, **RHAID** i chi

- stopio;
- rhoi'ch enw ac enw perchennog y cerbyd a chyfeiriad a rhif cofrestru'r cerbyd i unrhyw un a chanddynt sail resymol i ofyn amdanynt;
- os na fyddwch yn rhoi'ch enw a chyfeiriad ar adeg y ddamwain, hysbyswch yr heddlu am y ddamwain mor fuan ag sy'n ymarferol bosibl ac ym mhob achos o fewn 24 awr.

Cyfraith RTA 1988 adran 170

261. Os bydd person arall yn cael ei anafu a'ch bod yn peidio â chyflwyno'ch tystysgrif yswiriant ar adeg y ddamwain i swyddog heddlu neu unrhyw un sydd â sail resymol i ofyn amdani **RHAID** i chi

- hysbysu'r heddlu am y ddamwain mor fuan ag sy'n bosibl ac ym mhob achos o fewn 24 awr;
- cyflwyno'ch tystysgrif yswiriant i'r heddlu o fewn 7 diwrnod.

Cyfraith RTA 1988 adran 170

Gwaith ffordd

262. Pan ddangosir yr arwydd "GWAITH FFORDD O'CH BLAEN", bydd yn rhaid i chi fod yn fwy gwyliadwrus a chwilio am arwyddion ychwanegol sy'n cynnig cyfarwyddiadau mwy penodol.

- **RHAID I CHI BEIDIO** â gyrru'n gynt nag uchafswm unrhyw gyfyngiad cyflymdra dros dro.
- Defnyddiwch eich drych a symudwch i'r lôn gywir ar gyfer eich cerbyd mewn da bryd fel y'ch cyfarwyddir gan arwyddion.
- Peidiwch â newid lonydd i oddiweddyd traffig sy'n ciwio.
- Peidiwch â gyrru drwy ardal a ddynodir gan goniau traffig.
- Gwyliwch am draffig sy'n dod at ardal y gwaith ffordd neu'n ei gadael, ond peidiwch â chael eich llygad-dynnu gan beth sy'n digwydd yno.
- Cofiwch y gall y ffordd o'ch blaen fod wedi'i rhwystro gan y gwaith neu gan draffig ara deg neu lonydd.

Cyfraith RTRA adran 16

Rheolau ychwanegol ar gyfer ffyrdd cyflym

263. Cymerwch ofal arbennig ar draffyrdd a ffyrdd deuol cyflym.

- Gall un neu ragor o lonydd fod wedi'u cau i draffig a gall cyfyngiad cyflymdra is fod mewn grym.
- Weithiau defnyddir cerbydau gwaith sy'n araf neu'n llonydd ac sydd ag arwydd mawr "CADWCH I'R CHWITH" neu "CADWCH I'R DDE" ar y cefn i gau lonydd ar gyfer atgywiriadau.
- Edrychwch yn y drychau, arafwch a newidiwch lonydd os bydd angen.
- Cadwch bellter diogel oddi wrth y cerbyd o'ch blaen (gweler Rheol 105).

264. Golyga **Systemau Gwrthlif** y gallech fod yn teithio mewn lôn gulach nag arfer sydd heb rwystr parhaol rhyngoch a'r traffig sy'n dod tuag atoch. Gellir defnyddio'r llain galed ar gyfer traffig, ond byddwch yn ymwybodol y gall fod cerbydau wedi torri lawr o'ch blaen. Cadwch bellter da oddi wrth y cerbyd o'ch blaen ac ufuddhewch i unrhyw gyfyngiadau cyflymdra dros dro.

Croesfannau rheilffyrdd

265. Croesfan rheilffordd yw lle y bydd ffordd yn croesi lein y rheilffordd. Dylech agosáu atynt a'u croesi gyda gofal. Peidiwch â gyrru ar groesfan hyd nes bod y ffordd yn glir ar yr ochr draw a pheidiwch â mynd yn rhy agos i'r car o'ch blaen. Peidiwch byth â stopio na pharcio ar groesfan, neu'n agos ato.

Croesfannau Rheoledig

266. Bydd gan y rhan fwyaf o groesfannau arwyddion goleuadau traffig gyda golau ambr cyson, pâr o oleuadau coch stopio sy'n fflachio (gweler tudalennau 70 a 75) a larwm clywadwy i gerddwyr. Gallent fod â rhwystrau llawn, rhannol neu ddim un o gwbl.

- **RHAID** bob amser ufuddhau i'r goleuadau coch stopio sy'n fflachio.
- **RHAID** stopio y tu ôl i'r llinell wen ar draws y ffordd.
- Daliwch i fynd os ydych eisoes wedi croesi'r llinell pan fydd y golau ambr yn ymddangos.
- **RHAID** aros os bydd trên yn mynd heibio a bod y goleuadau coch yn fflachio o hyd. Golyga hyn y bydd trên arall yn mynd heibio'n fuan.
- Ni ddylech groesi ond pan fydd y goleuadau'n diffodd a'r rhwystrau'n agor.
- Peidiwch â mynd igam-ogam o gwmpas rhannau o'r rhwystrau, maent yn dod lawr yn awtomatig oherwydd bod trên yn dynesu.
- Wrth groesfannau lle nad oes rhwystrau, bydd trên yn dynesu pan fydd y goleuadau'n dangos.

Cyfreithiau RTA 1988 adran 36 & TSRGD rheoliad 10

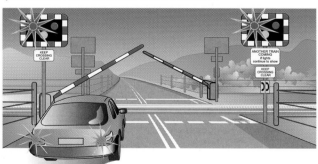

Stopiwch pan fo'r goleuadau traffig yn ymddangos

267. Ffoniau rheilffordd. Os byddwch yn gyrru cerbyd sy'n fawr neu'n araf neu'n bugeilio anifeiliaid, gallai trên gyrraedd cyn i chi groesi'r groesfan yn gyfangwbl. **RHAID** ufuddhau i unrhyw arwydd sy'n eich cyfarwyddo i ddefnyddio ffôn y rheilffordd i gael caniatâd i groesi. **RHAID** hefyd ffônio pan fyddwch wedi mynd dros y groesfan.

Cyfreithiau RTA 1988 adran 36 & TSRGD rheoliad 10

268. Croesfannau heb oleuadau. Dylai cerbydau stopio ac aros wrth y rhwystr neu'r giât pan fydd yn dechrau cau, a pheidio â chroesi nes bydd y rhwystr neu'r giât yn agor.

Rhwystrau neu giatiau'n cael eu gweithio gan ddefnyddwyr

269. Mae gan rai croesfannau arwyddion "STOP" a mân oleuadau coch a gwyrdd. RHAID I CHI BEIDIO â chroesi pan fydd y golau coch yn dangos; dylech groesi dim ond pan fydd y golau gwyrdd ymlaen. Os ydych yn croesi mewn cerbyd, dylech

• agor y giatiau neu'r rhwystrau ar y ddwy ochr i'r groesfan;
• gwneud yn siŵr fod y golau gwyrdd ymlaen o hyd a chroesi'n gyflym;
• cau'r giatiau neu'r rhwystrau pan fyddwch wedi croesi'r groesfan.

Cyfreithiau RTA 1988 adran 36 & TSRGD rheoliad 10

270. Os nad oes goleuadau, dilynwch y drefn yn Rheol 269. Stopiwch ac edrychwch y ddwy ffordd a gwrandewch cyn i chi groesi. Os oes ffôn rheilffordd, dylech ei ddefnyddio bob amser i gysylltu â rheolwr arwyddion i wneud yn siŵr ei bod yn ddiogel i groesi. Rhowch wybod i'r rheolwr arwyddion eto pan fyddwch wedi croesi'r groesfan.

271. Croesfannau agored. Nid oes gan y rhain giatiau, rhwystrau, gofalwyr na goleuadau traffig, ond bydd ganddynt arwydd "ILDIWCH". Dylech edrych i'r ddau gyfeiriad, gwrando a sicrhau nad oes trên yn dod cyn croesi.

Damweiniau a thorri lawr

272. Os bydd eich cerbyd yn torri lawr, neu os byddwch yn cael damwain ar groesfan, dylech

• gael pawb allan o'r cerbyd a chlirio'r groesfan yn syth;
• defnyddio ffôn rheilffordd os oes un ar gael i hysbysu'r rheolwr arwyddion. Dilynwch y cyfarwyddiadau a roddir i chi;
• symud y cerbyd yn glir o'r groesfan os oes amser cyn i drên gyrraedd. Os bydd y larwm yn canu, neu os daw'r golau ambr ymlaen, gadewch y cerbyd a safwch yn glir o'r groesfan yn syth.

Tramffyrdd

273. **RHAID I CHI BEIDIO** â mynd i ffordd, lôn neu lwybr arall a gedwir i dramiau. Cymerwch ofal arbennig lle y bydd tramiau'n rhedeg ar hyd y ffordd. Yn aml, dangosir y lled a gymerir gan y tramiau gan leiniau tram a ddynodir â llinellau gwynion, dotiau melyn neu gan fath gwahanol o arwyneb ffordd. Dim ond rhoi cyfarwyddiadau i yrwyr tram a wna arwyddion siâp diemwnt.
Cyfraith RTRA adrannau 5 & 8

274. Cymerwch ofal arbennig lle y bydd y tram yn croesi o'r naill ochr o'r ffordd i'r llall a lle y bydd y ffordd yn culhau a'r traciau'n dod yn agos at ymyl y palmant. Fel arfer, bydd gan yrwyr tramiau eu harwyddion traffig eu hunain a gallent fod yn cael symud pan fyddwch chi chi'n llonydd. Ildiwch bob amser i dramiau. Peidiwch â cheisio eu rasio na'u goddiweddyd.

275. **RHAID I CHI BEIDIO** â pharcio'ch cerbyd lle gallai fod ar ffordd y tramiau neu lle y gallai orfodi gyrwyr eraill i fynd i'w ffordd.
Cyfraith RTRA adrannau 5 & 8

276. Arosfannau Tramiau. Lle y bydd tramiau'n aros wrth blatfform, naill ai yng nghanol neu ar ochr y ffordd, **RHAID** i chi ddilyn y llwybr a ddangosir gan arwyddion a marciau ar y ffordd. Wrth arosfannau heb blatfform, **RHAID I CHI BEIDIO** â gyrru rhwng tram ac ymyl y palmant ar y chwith pan fydd tram wedi stopio i godi teithwyr.
Cyfraith RTRA adrannau 5 & 8

277. Gwyliwch am gerddwyr, yn enwedig plant, sy'n rhedeg allan i ddal tram sy'n dod at arhosfan.

278. Dylai seiclwyr a beicwyr modur gymryd gofal arbennig wrth fynd yn agos at draciau neu eu croesi, yn enwedig os bydd y cledrau'n wlyb. Mae'n fwy diogel i groesi'r traciau'n uniongyrchol ar ongl sgwâr.

Arwyddion goleuadau'n rheoli traffig

Arwyddion goleuadau traffig

Mae COCH yn golygu 'Stopiwch'. Arhoswch y tu ôl i'r llinell stopio ar y ffordd gerbydau

Mae COCH ac AMBR hefyd yn golygu 'Stopiwch'. Peidiwch â mynd drwodd na chychwyn hyd nes i'r golau GWYRDD ymddangos

Mae GWYRDD yn golygu y cewch fynd yn eich blaen os yw'r ffordd yn glir. Byddwch yn arbennig o ofalus os ydych yn bwriadu troi i'r chwith neu i'r dde, ac ildiwch i gerddwyr sy'n croesi

Mae AMBR yn golygu 'Stopiwch' wrth y llinell stopio. Cewch fynd yn eich blaen dim ond os yw'r golau AMBR yn ymddangos ar ôl i chi groesi'r llinell stopio, neu os ydych mor agos ati fel y gallai stopio beri damwain

Gellir darparu SAETH WERDD yn ychwanegol at y golau gwyrdd llawn os caniateir symud i gyfeiriad arbennig cyn neu ar ôl y golau gwyrdd llawn. Os yw'r ffordd yn glir gellwch fynd yn eich blaen, ond dim ond i'r cyfeiriad a ddangosir gan y saeth. Cewch wneud hyn waeth pa oleuadau eraill sy'n ymddangos. Gellir darparu arwyddion goleuadau gwyn ar gyfer tramiau

Goleuadau coch yn fflachio

Mae goleuadau coch yn fflachio am yn ail yn golygu bod yn RHAID I CHI STOPIO

Ger croesfannau rheilffordd, pontydd sy'n codi, meysydd awyr, gorsafoedd tân, ayb

Arwyddion traffyrdd

Peidiwch â mynd ymhellach yn y lôn hon

Newidiwch lôn

Gwelededd gwael o'ch blaen

Y lôn o'ch blaen ar gau

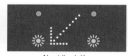 

Cyflymder uchaf dros dro a neges gwybodaeth

Gadewch y drafffordd wrth y ffordd allan nesaf

Cyflymder uchaf dros dro

Diwedd cyfyngiad

Arwyddion rheoli lonydd

Saeth werdd – lôn ar gael i draffig sy'n wynebu'r arwydd
Croes goch – lôn ar gau i draffig sy'n wynebu'r arwydd
Saeth wen ar letraws – newidiwch lôn i'r cyfeiriad a ddangosir

Arwyddion i eraill ar y ffordd

Arwyddion cyfeiriad

Rwy'n bwriadu symud allan i'r dde neu droi i'r dde

Rwy'n bwriadu symud allan i'r chwith neu aros ar y chwith

Arwyddion golau brecio

Arwyddion golau bacio

Rwy'n brecio

Rwy'n bwriadu bacio

Ni ddylid defnyddio'r arwyddion hyn ac eithrio at y dibenion a ddisgrifiwyd.

Arwyddion braich

I'w defnyddio pan na ddefnyddir arwyddiaduron, neu pan fydd angen cadarnhau arwyddiaduron a â goleuadau brecio. *Gall beicwyr a rhai sydd â gofal ceffylau eu defnyddio hefyd.*

Rwy'n bwriadu symud i mewn i'r chwith neu droi i'r chwith

Rwy'n bwriadu symud allan i'r dde neu droi i'r dde

Rwy'n bwriadu arafu neu stopio

Arwyddion gan bersonau ag awdurdod

Stopiwch

Traffig yn agosáu o'r tu blaen

Traffig yn agosáu o'r tu blaen a'r tu ôl

Traffig yn agosáu o'r tu ôl

Galw ar draffig i symud ymlaen

O'r ochr

O'r tu blaen

O'r tu ôl

Arwyddion braich i rai sy'n rheoli traffig

Rydw i am fynd yn syth ymlaen

Rydw i am droi i'r chwith; defnyddiwch yn naill law neu'r llall

Rydw i am droi i'r dde

*Yng Nghymm, mae arwyddion dwyieithog yn ymddangos ar gerbydau'r gwasanaeth brys ac ar ddillad

Arwyddion traffig

Arwyddion sy'n gorchymyn

Arwyddion gyda chylchoedd coch yw'r rhai mwyaf gwaharddol.
Mae platiau o dan arwyddion yn esbonio eu neges.

Mynedfa i barth 20 mya

Diwedd parth 20 mya

Rheolwr croesfan ysgol

 Cyflymder uchaf

Terfyn cyflymder cenedlaethol

Stopiwch ac ildiwch

Ildiwch i draffig ar brif ffordd

Dim cerbydau heblaw am feiciau sy'n cael eu gwthio

Dim mynediad i gerbydau

Dim tro i'r dde

Dim tro i'r chwith

Dim troeon U

Ildiwch i gerbydau'n dod o'r cyfeiriad arall

Dim goddiweddyd

Dim cerbydau modur

Arwyddion llaw dros dro

Dim bysiau (dros 8 sedd teithiwr)

Dim beicio

Dim carafannau'n cael eu tynnu

Dim cerbydau'n cario ffrwydron

Dim cerbyd neu gyfuniad o gerbydau dros yr hyd a nodir

Dim cerbydau dros yr uchder a nodir

Dim cerbydau dros y lled a nodir

WEAK BRIDGE

Dim cerbydau dros y pwysau gros uchaf a nodir (mewn tunelli)

Dim cerbydau nwyddau dros y pwysau uchaf gros a nodir (mewn tunelli) ac eithrio llwytho a dadlwytho

Dim aros

Dim stopio (Clirffordd)

Dim stopio yn ystod yr amserau a nodir ac eithrio cyhyd ag y bydd ei angen i godi neu ollwng teithwyr

Parcio wedi'i gyfyngu i ddeiliaid trwydded

Dim stopio yn ystod y cyfnod a nodir heblaw am fysiau

Noder: Er bod *Rheolau'r Ffordd Fawr* yn dangos nifer o'r arwyddion a ddefnyddir yn gyffredin, ceir eglurhad cynhwysfawr o'n system arwyddo yn llyfryn yr Adran, *Know Your Traffic Signs*, sydd ar werth gan lyfrwerthwyr. Mae'r llyfryn hefyd yn darlunio ac yn egluro y mwyafrif llethol o'r arwyddion mae'r sawl sy'n ddarlunir defnyddio'r ffordd yn debygol o ddod ar eu traws. Ni ddarlunir yr holl arwyddion a welir yn *Rheolau'r Ffordd Fawr* ar yr un raddfa. Yng Nghymru, defnyddir fersiynau dwyieithog o rai arwyddion gan gynnwys fersiynau Cymraeg a Saesneg o enwau lleoedd. Gellir gweld rhai cynlluniau hŷn o arwyddion ar y ffyrdd o hyd.

73

Mae arwyddion â chylchoedd glas heb ymylon coch yn rhoi cyfarwyddyd cadarnhaol gan mwyaf.

Traffig unffordd (noder: cymharer gyda'r arwydd crwn 'Ymlaen yn unig')

Ymlaen yn unig

Trowch i'r chwith ymhellach ymlaen (i'r dde os troir y symbol o amgylch)

Trowch i'r chwith (i'r dde os troir y symbol o amgylch)

Cadwch i'r chwith (i'r dde os troir y symbol o amgylch)

Llwybr i'w ddefnyddio gan seiclwyr yn unig

Llwybr ar wahân i feiciau pedal a cherddwyr

Cyflymder isaf

Diwedd y cyflymder isaf

Cylchfan bach (cylchrediad cylchfan – ildiwch i gerbydau o'r dde)

Gall cerbydau fynd heibio bob ochr i gyrraedd yr un man

Bysiau a beiciau yn unig

Tramiau yn unig

Man croesi i gerddwyr dros dramffordd

Lôn fysiau a beiciau gyda'r llif

Lôn fysiau yn erbyn y llif

Lôn i feiciau gyda'r llif

Arwyddion rhybuddio: **Triongl gan mwyaf**

Y pellter at yr arwydd ymhellach ymlaen

Croesffordd

Cyffordd ar y tro o'ch blaen

Cyffordd 'T'

Cyffordd croesgam

Y pellter at yr arwydd 'Ildiwch' ('Give Way') ymhellach ymlaen

Nodir y ffordd sy'n cael blaenoriaeth gan y llinell derfyn

Gwyriad sydyn i'r chwith yn y ffordd (neu i'r dde os troir y llinellau onglog o amgylch)

Tro dwbl i''r chwith yn gyntaf (gallai'r symbol gael ei droi o amgylch)

Tro i'r dde (neu i'r chwith os troir y symbol o amgylch)

Cylchfan

Ffordd anwastad

Plât o dan rai arwyddion

Ffordd ddeuol yn dod i ben

Ffordd yn culhau ar y dde (ar y chwith os troir y symbol o amgylch)

Ffordd yn culhau ar y ddwy ochr

Traffig dwyffordd yn croesi heol unffordd

Traffig dwyffordd yn union o'ch blaen

Goleuadau traffig

Goleuadau traffig nas defnyddir

Ffordd lithrig

Rhiw serth i lawr

Rhiw serth i fyny

Gellir dangos yr oleddf ar ffurf cymhareb h.y. 20% = 1:5

74

Arwyddion rhybuddio – parhad

Rheolwr croesfan ysgol o'ch blaen (mae gan rai rwyddion oleuadau melyn sy'n fflachio pan fydd plant yn croesi)

Man croesi i'r henoed (i'r deillion neu'r anabl os dangosir hynny)

Cerddwyr ar y ffordd o'ch blaen

Croesfan i gerddwyr

Oedi yn debygol o'ch blaen

Llwybr beiciau o'ch blaen

Gwyntoedd o'r ochr

Pont gefngrwm

Rhybudd geiriol

Perygl o rew

Perygl taro'r ddaear

Arwyddion goleuadau o'ch blaen wrth groesfan rheilffordd, maes awyr neu bont

Croesfan rheilffordd â chlwyd neu lidiart o'ch blaen

Croesfan rheilffordd heb glwyd na llidiart o'ch blaen

Croesfan rheilffordd heb glwyd

Tramiau'n croesi o'ch blaen

Gwartheg

Anifeiliaid gwyllt

Ceffylau neu ferlod gwyllt

Ceffylau neu ferlod yn cael eu hebrwng

Cei neu lan afon

Pont yn agor o'ch blaen

Awyrennau'n hedfan yn isel neu swn awyrennau sydyn

Cerrig yn syrthio neu wedi syrthio

Uchder eithaf sydd ar gael

Cebl trydan uwchben; bydd y plât yn nodi yr uchder mwyaf sy'n ddiogel i gerbydau

Twnnel ymhellach ymlaen

Y pellter y mae'r codiadau yn ymestyn drosto

Perygl arall; bydd y plât yn nodi natur y perygl

Lleiniau meddal

Arwyddion cyfeirio: Rhai petryal gan mwyaf
Arwyddion ar draffyrdd – cefndir glas

Wrth gyffordd yn arwain yn union at drafford (gellir dangos rhif y gyffordd ar gefndir du)

Wrth ddod at gyffyrdd (rhif y gyffordd ar gefndir du)

Arwydd cadarnhau'r ffordd ar ôl cyffordd

Saethau yn pwyntio am i lawr yn dynodi 'Ewch i'ch lôn'
Mae'r lôn ar y chwith yn arwain at gyrchfan wahanol i'r lonydd eraill.

Mae'r panel â'r saeth oleddf yn nodi'r cyrchfannau y gellir eu cyrraedd drwy ymadael â'r drafforddd wrth y gyffordd nesaf

Arwyddion ar brif ffyrdd – cefndir gwyrdd

Wrth ddod at gyffyrdd

Wrth ddod at gyffyrdd

Mae paneli glas yn dynodi bod y drafforddd yn dechrau o'r gyffordd o'ch blaen.
Gellir cyrraedd y drafforddd a nodir rhwng cromfachau hefyd drwy deithio i'r cyfeiriad hwnnw.
Mae paneli gwyn yn dynodi ffyrdd lleol neu rai nad ydynt yn brif ffyrdd sy'n arwain o'r gyffordd o'ch blaen.
Mae paneli brown yn dangos y ffordd i atyniadau twristaidd.
Mae'n bosibl y dangosir enw'r gyffordd ar ben yr arwydd.
Gellir cynnwys symbol er mwyn rhybuddio rhag perygl neu gyfyngiad ar y ffordd honno.

Arwydd cadarnhau'r ffordd ar ôl cyffordd

Wrth y gyffordd

Wrth ddod at gyffordd yng Nghymru (dwyieithog)

Arwyddion ar ffyrdd heblaw priff ffyrdd a ffyrdd lleol – ymylon du

Wrth ddod at gyffyrdd

(A1(M))	8
Barnes	10
Mackstone	2½
Elkington	
A 404 (A 41)	
Millyngton Green (A 4011)	3

Mae paneli gwyrdd yn dynodi bod y brif ffordd yn dechrau o'r gyffordd o'ch blaen.
Mae rhifau'r ffordd ar gefndir glas yn eich cyfeirio at drafforddd.
Mae rhifau'r ffordd ar gefndir gwyrdd yn eich cyfeirio at brif ffordd.

Market Walborough B486 7

Wrth y gyffordd

WC ♿

Y cyfeiriad i doiledau sydd â mynedfa i'r anabl

76

Arwyddion cyfeirio eraill

Safle picnic

Heneb yng ngofal
English Heritage

Cyfeiriad i safle pebyll

Ffordd a argymhellir i loriau

Atyniad twristiaid

Ffordd ar gyfer beiciau yn
ffurfio rhan o rwydwaith

Llwybr i gerddwyr

Ffordd wyriad

Llwybr a argymhellir i feiciau
i'r lle a nodir

Symbolau'n nodi ffordd wyriad mewn argyfwng ar
gyfer traffig ar draffyrdd a phriffyrdd eraill

Ffordd wyliau

Cyfeiriad i faes parcio

Arwyddion hysbysu: Petryal i gyd

Dechrau'r drafffordd a man
dechrau rheolau'r drafffordd

Ardal lle defnyddir
camerâu er mwyn
atgyfnerthu
rheolau traffig

Blaenoriaeth dros
gebydau'n dod
i'ch cwrdd

Dim ffordd
drwodd i
gerbydau

Ysbyty o'ch blaen gyda
chyfleusterau Damweiniau
ac Achosion Brys

Diwedd y drafffordd

Lle parcio i feiciau modur
ar eu pen eu hunain

Rhybudd ymlaen llaw
o gyfyngiad neu
waharddiad o'ch blaen

Arwydd man gwasanaethau
ar drafffordd gan gynnwys
enw'r gweithredwr

Man gwybodaeth
i ymwelwyr

Llwybr a argymhellir
i feiciau

Lonydd traffig priodol wrth
gyffordd o'ch blaen

Nodwyr wrth ffordd allan o drafffordd (mae pob bar yn
cynrychioli 100 llath i'r allanfa). Gellir defnyddio nodwyr â
chefndir gwyrdd ar brif ffyrdd a nodwyr â chefndir gwyn a
bariau du ar ffyrdd eraill. Gellir defnyddio nodwyr â chefndir
gwyn gyda bariau coch ar ffyrdd yn nesáu ar groesfannau
rheillfyrdd cudd. Er bod y pellter rhwng y rhain yn gyfartal,
nid yw'r bariau yn cynrychioli pellter o 100 llath.

Mynediad i barth
parcio a reolir

Diwedd parth
parcio a reolir

Lôn fysiau gyda'r
llif o'ch blaen

Lôn fysiau ar y ffordd wrth
gyffordd o'ch blaen

77

Arwyddion gwaith ffordd

Gwaith ffordd

Cerrig mân

Delays possible until 1 mile Sept 99

Gwaith ffordd 1 filltir o'ch blaen

Sorry for any delay End HIGHWAYS AGENCY

Diwedd y gwaith ffordd ac unrhyw gyfyngiadau dros dro

SLOW WET TAR

Perygl dros dro ger y gwaith ffordd

800 yards

Lôn ar gau dros dro (gall nifer y saethau a'u safleoedd a'r bariau coch amrywio yn dibynnu ar ba lonydd sydd ar gau a pha rai sydd ar agor)

M1 & A617 29 M1 only ANY VEH 2743 800 yards

Cyfyngiadau lonydd ger y gwaith ffordd o'ch blaen

STAY IN LANE Max speed 30

Ffyrdd unigol yn croesi drosodd ger gwaith ffordd gyda'r llif

800 yds

Arwyddion a ddefnyddir ar gefn cerbydau araf neu sefydlog sy'n rhoi rhybudd bod lôn ar gau o'ch blaen oherwydd cerbyd gwaith. Ni cheir unrhyw gonau ar y ffordd.

450 yds

Cerbydau gwaith araf neu sefydlog yn rhwystro lôn draffig. Dylech oddiweddyd i'r cyfeiriad a nodir gan y saeth.

50 ¾ mile ahead

Terfynau cyflymder mandadol o'ch blaen

Marciau ar y ffordd   Ar draws y lôn gerbyd

Llinell stopio wrth arwyddion neu fan rheoli gan yr heddlu

Llinell stopio wrth arwydd 'STOP'

Llinell stopio i gerddwyr ger croesfannau rheilffordd

Ildiwch i draffig ar brif ffordd

Ildiwch i draffig o'r dde ar y gylchfan

Ildiwch i draffig o'r dde wrth gylchfan fach

Ar hyd y lôn gerbyd

Llinell derfyn

Llinell ganol Gweler Rheol 106

Llinell rybuddio Gweler Rheol 106

Llinellau gwynion dwbl Gweler Rheolau 107 ac 108

Llinellau lletgroes Gweler Rheol 109

Llinellau lonydd Gweler Rheol 110

Ar hyd ymyl y lôn gerbyd

Cyfyngiadau cerdded

Mae cyfyngiadau cerdded sy'n cael eu nodi gan linellau melyn yn berthnasol i lonydd cerbyd, palmentydd a lleiniau. Cewch aros i lwytho a dadlwytho neu i godi neu ollwng teithwyr oni bai fod yna hefyd gyfyngiadau llwytho fel y disgrifir isod. Dangosir yr amseroedd y mae'r cyfyngiadau mewn grym ar blatiau neu ar arwyddion mynediad i barthau parcio a reolir. Os na nodir unrhyw ddyddiau ar yr arwyddion, mae'r cyfyngiadau mewn grym bob diwrnod gan gynnwys y Sul a Gwyliau'r Banc. Mae marciau cilfach gwyn ac arwyddion unionsyth (gweler isod) yn nodi lle caniateir parcio.

Rheolwyr stopio Ffyrdd Coch

Defnyddir llinellau coch ar rai ffyrdd yn lle llinellau melyn. Yn Llundain, defnyddir llinellau coch sengl a dwbl ar Ffyrdd Coch er mwyn nodi bod aros i barcio, llwytho/dadlwytho neu esgyn neu ddisgyn o gerbyd (ac eithrio tacsi trwyddedig neu os ydych yn dal Bathodyn Oren) yn waharddedig. Mae'r llinellau coch yn berthnasol i'r lôn gerbyd, palmant a llain. Dangosir yr amseroedd y mae'r gwaharddiadau llinellau coch mewn grym ar arwyddion gerllaw, ond mae llinell goch ddwbl BOB AMSER yn golygu na cheir aros ar unrhyw adeg. Ar Ffyrdd Coch cewch aros i barcio, llwytho/dadlwytho o fewn bocsys wedi eu marcio'n arbennig, a manylir ar yr amseroedd, y pwrpas a'r ystod y caniateir hyn ar arwyddion cyfagos. Dynoda bocs WEDI EI NODI MEWN COCH ei bod yn bosibl nad yw ar gael ar gyfer y pwrpas a nodwyd ond am ran o'r diwrnod (ee rhwng oriau brig prysur). Golyga bocs WEDI EI NODI MEWN GWYN ei fod ar gael drwy gydol y dydd.

NI ALL LLINELLAU MELYN NEU GOCH OND RHOI ARWEINIAD I'R CYFYNGIADAU A'R RHEOLIADAU MEWN GRYM A DYLID EDRYCH AR ARWYDDION GERLLAW NEU AR DDECHRAU PARTH MYNEDIAD.

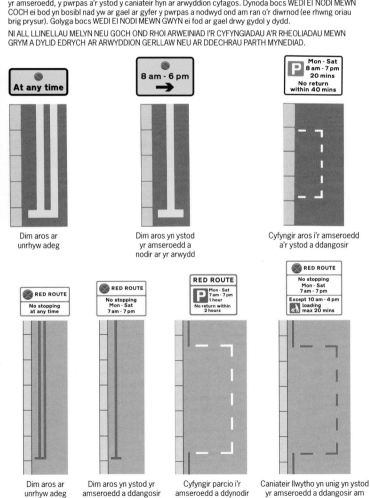

Dim aros ar unrhyw adeg

Dim aros yn ystod yr amseroedd a nodir ar yr arwydd

Cyfyngir aros i'r amseroedd a'r ystod a ddangosir

Dim aros ar unrhyw adeg

Dim aros yn ystod yr amseroedd a ddangosir ar yr arwydd

Cyfyngir parcio i'r amseroedd a ddynodir

Caniateir llwytho yn unig yn ystod yr amseroedd a ddangosir am hyd at uchafswm o 20 munud

Ar ymyl y palmant neu ar ymyl y lôn gerbyd

Cyfyngiadau llwytho ar ffyrdd heblaw am FFYRDD COCH

Mae marciau melyn ar y palmant neu ar ymyl y lôn gerbyd yn dynodi y gwaherddir llwytho a dadlwytho yn ystod yr amserau a nodir ar y platiau du a gwyn cyfagos. Os na nodir y dyddiau ar yr arwydd mae'r cyfyngiadau mewn grym bob dydd gan gynnwys y Sul a Gwyliau Banc.
EDRYCHWCH AR YR AMSER A DDANGOSIR AR Y PLATIAU BOB TRO.
Dynodir y rhannau o'r ffordd a neilltuir ar gyfer cerbydau sy'n llwytho a dadlwytho gan farc 'cilfach' gyda'r geiriau 'Loading Only' ac arwydd 'troli' gwyn a las. Mae'r arwydd hwn hefyd yn dangos a yw llwytho a dadlwytho wedi ei gyfyngu i gerbydau nwyddau yn unig, ac ar ba adegau y gellir defnyddio'r gilfach. Os na nodir unrhyw amserau na dyddiau, gellir ei defnyddio unrhyw adeg. Ni chaniateir i gerbydau barcio yma os nad ydynt yn llwytho.

Dim llwytho na dadlwytho ar unrhyw adeg

Dim llwytho na dadlwytho yn ystod yr amserau a ddangosir

Cilfach lwytho

Marciau eraill ar y ffordd

Cadwch y fynedfa'n glir o gerbydau wedi'u parcio, hyd yn oed wrth godi neu ollwng plant

Rhybudd am arwydd 'Ildiwch' ('Give Way') o'ch blaen	Man parcio a neilltuwyd i'r cerbydau a enwir	Gweler Rheol 217	Gweler Rheol 120

Cyffordd sgwâr (Gweler Rheol 150)

Peidiwch â rhwystro'r fynedfa i ffordd gefn

Dynodi'r lonydd traffig

Marciau ar gerbydau

Marciau cefn cerbydau nwyddau trwm

Cerbydau modur dros 7500 kilogram pwysau gros uchaf ac ôl-gerbydau dros 3500 kilogram pwysau gros uchaf

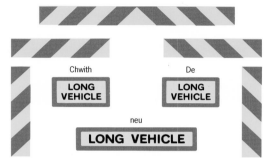

Bws ysgol
(arddangosir ar
y ffenest flaen
neu ffenest ôl y
bws neu goets)

Chwith

De

LONG VEHICLE

LONG VEHICLE

neu

LONG VEHICLE

Mae'n ofynnol gosod marciau fertigol hefyd ar sgipiau adeiladwyr ar y ffordd,
cerbydau neu gyfuniadau masnachol hirach na 13 metr
(dewisol ar gyfuniadau rhwng 11 a 13 metr)

Platiau rhybuddio am beryglon

Rhaid i rai cerbydau tanciau sy'n cludo nwyddau
peryglus arddangos paneli hysbysu perygl

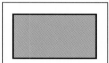

2YE

1089

FLAMMABLE LIQUID

Newtown-on-Moors
(0123) 45678

Caiff y panel uchod ei
arddangos gan gerbydau
sy'n cludo rhai nwyddau
peryglus mewn pecynnau

Mae'r panel uchod ar gyfer hylif sy'n tanio. Ymhlith y
symbolau diemwnt sy'n dynodi peryglon ceir y canlynol:

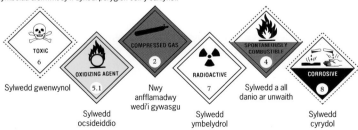

TOXIC 6

Sylwedd gwenwynol

OXIDIZING AGENT 5.1

Sylwedd
ocsideiddio

COMPRESSED GAS 2

Nwy
anfflamadwy
wedi'i gywasgu

RADIOACTIVE 7

Sylwedd
ymbelydrol

SPONTANEOUSLY COMBUSTIBLE 4

Sylwedd a all
danio ar unwaith

CORROSIVE 8

Sylwedd
cyrydol

Marciau ymestyn

Marciwr ochr

Marciwr cynffon

Mae angen y ddau pan fydd offer neu lwyth
(ee craen) mwy na dau fetr yn hirach yn y
tu blaen neu'r tu ôl

Atodiadau

1. Dewis a chynnal a chadw eich beic

Gwnewch yn siŵr

- eich bod yn dewis beic o'r maint cywir ar gyfer cyfforddusrwydd a diogelwch;
- y cedwir goleuadau ac adlewyrchyddion yn lân ac yn gweithio'n iawn;
- bod y teiars mewn cyflwr da ac wedi'u chwythu i'r pwysau a ddangosir ar y teiar;
- bod y geriau'n gweithio'n iawn;
- bod y gadwyn wedi'i haddasu a'i hiro'n gywir;
- bod y cyfrwy a'r cyrn wedi eu haddasu i'r uchder iawn.

RHAID i chi

- sicrhau bod eich breciau'n effeithiol;
- yn y nos, defnyddiwch oleuadau blaen ac ôl a dylai fod gennych ôl-adlewyrchydd coch effeithlon.

Cyfreithiau PCUR rheoliad 6 & RVLR 18

2. Anghenion trwyddedu beiciau modur

Os oes gennych drwydded beic modur dros dro, RHAID cwbl-hau'n foddhaol gwrs Hyfforddiant Sylfaenol Gorfodol (HSG). Yna, gellwch fynd ar y ffordd gyhoeddus, gyda phlatiau L (yng Nghymru gellir defnyddio naill ai platiau D, platiau L neu'r ddau), am hyd at dair blynedd. Yn ystod yr amser hwnnw, RHAID i chi basio prawf theori beiciau modur ac yna, prawf ymarferol er mwyn cael eich trwydded beic modur lawn, fel arall, byddwch yn colli'ch trwydded am flwyddyn.

Cyfraith RTA 1988 adran 97

Os oes gennych drwydded car lawn cewch yrru beiciau modur hyd at 125 cc ac allbwn pŵer p 11 kW gyda phlatiau L (a/neu blatiau D yng Nghymru), ar ffyrdd cyhoeddus, ond RHAID yn gyntaf i chi gwblhau'n foddhaol cwrs HSG os nad ydych wedi gwneud hynny eisoes.

Os oes gennych drwydded moped lawn a'ch bod am gael hawliad beic modur llawn, bydd gofyn i chi sefyll prawf theori beiciau modur os na chymerwyd prawf theori ar wahân gennych pan gawsoch eich trwydded moped. Yna, RHAID i chi basio prawf beiciau modur ymarferol.

Dylid nodi os cwblhawyd HSG ar gyfer y drwydded moped lawn, nid oes angen i'w ailadrodd, ond os cymerwyd y prawf moped cyn1/12/90, bydd yn rhaid cwblhau HSG cyn gyrru beic modur fel dysgwr.
Cyfraith MV(DL)R 1996 rheoliad 39(1)

Trwydded Beic Modur Ysgafn (A1): rydych yn cymryd prawf ar feic modur rhwng 75 a 125 cc gydag allbwn pŵer hyd at 11 kW.

Trwydded Beic Modur Safonol (A): os yw'ch cerbyd prawf rhwng 120 a 125 cc ac yn gallu mynd yn gynt na 100kya, rhoddir i chi drwydded safonol (A). Yna, fe'ch cyfyngir i feiciau modur hyd at 25 kW am ddwy flynedd. Ar ôl dwy flynedd, cewch yrru peiriant o unrhyw faint.

Mae **Mynediad uniongyrchol neu wedi'i gyflymu** yn galluogi beicwyr dros 21, neu rai sy'n cyrraedd 21 cyn i'w cyfyngiad dwy flynedd ddod i ben, i yrru beiciau modur mwy yn gynt. Er mwyn cael trwydded i wneud hyn, rhaid iddynt
- gwblhau cwrs HSG yn llwyddiannus;
- pasio prawf theori, os oes raid;
- pasio prawf ymarferol ar beiriant sydd ag allbwn pŵer o 35 kW fan leiaf.

I ymarfer, gallwch yrru beiciau modur mwy gyda phlatiau L (a/neu blatiau D yng Nghymru), ar ffyrdd cyhoeddus, ond dim ond yng nghwmni hyfforddwr cydnabyddedig ar feic modur arall a gysylltir â radio.

RHAID PEIDIO â chludo teithiwr pilion na thynnu ôl-gerbyd hyd nes y byddwch wedi pasio'ch prawf.
Cyfraith MV(DL)R rheoliad 15

Anghenion Trwyddedu Moped
Mae mopedau hyd at 50 cc a'u cyflymdra uchaf yw 50kya.

I yrru moped, RHAID i ddysgwyr
- fod yn 16 oed neu drosodd;
- bod â thrwydded moped dros dro;
- cwblhau cwrs HSG.

RHAID yn gyntaf i chi basio'r prawf theori ar gyfer beiciau modur ac yna y prawf moped ymarferol i gael eich trwydded moped lawn.

Os oes gennych drwydded car lawn, rydych yn gymwys i yrru moped heb blatiau L (a/neu blatiau D yng Nghymru), er y'ch argymhellir i gwblhau cwrs HSG cyn gyrru ar y ffordd.

Noder. Mae'r canlynol yn eich eithrio rhag gorfod cymryd y prawf theori

- trwydded car lawn;
- trwydded beic modur A1 lawn;
- trwydded moped llawn os llwyddwyd i sicrhau un ar ôl 1/7/96.

Cyfreithiau MV(DL)R 1996 rhif 2824(fel y'i diwygiwyd)

3. Dogfennaeth cerbyd modur ac anghenion gyrwyr sy'n dysgu

Dogfennau

Trwydded Yrru. RHAID bod gennych drwydded yrru wedi'i llofnodi ar gyfer categori'r cerbyd rydych yn ei yrru. **RHAID** i chi roi gwybod i'r Asiantaeth Drwyddedu Gyrrwr a Cherbyd (DVLA) os byddwch yn newid eich enw neu'ch cyfeiriad.
Cyfraith RTA 1988 adran 87

Yswiriant. RHAID wrth dystysgrif yswiriant ddilys sy'n eich diogelu rhag atebolrwydd trydydd person. Cyn gyrru unrhyw gerbyd, gwnewch yn siŵr ei fod wedi ei yswirio i'r pwrpas hwn ar eich cyfer, neu bod eich yswiriant eich hunan yn eich yswirio'n ddigonol. **RHAID I CHI BEIDIO** â gyrru cerbyd heb yswiriant.
Cyfraith RTA 1988 adran 143

Tystysgrif MOT. RHAID i geir a beiciau modur basio prawf MOT dair blynedd o ddyddiad cyntaf eu cofrestru a phob blwyddyn ar ôl hynny. **RHAID I CHI BEIDIO** â gyrru cerbyd heb dystysgrif MOT pan ddylai fod un gennych. Gall gyrru cerbyd nad yw'n addas i'r ffordd fawr beri bod eich yswiriant yn annilys. Fel eithriad, gellwch yrru i apwyntiad prawf a drefnir ymlaen llaw neu at fodurdy ar gyfer atgyweiriadau sydd eu hangen i'r prawf.
Cyfraith RTA 1988 adrannau 45, 47, 49 & 53

Dogfen Gofrestru Cerbyd. Cyhoeddir dogfennau cofrestru ar gyfer pob cerbyd a ddefnyddir ar y ffordd sy'n eu disgrifio (gwneuthuriad, model ayb), ac yn rhoi manylion am y ceidwad cofrestredig. **RHAID** hysbysu'r Asiantaeth Drwyddedu Gyrrwr a Cherbyd yn Abertawe mor fuan ac sy'n bosibl pan fyddwch

yn prynu neu'n gwerthu cerbyd, neu os byddwch yn newid eich enw neu gyfeiriad. Ar gyfer dogfennau cofrestru a gyhoeddir ar ôl 27 Mawrth 1997, mae'r prynwr a'r gwerthwr yn gyfrifol am gwblhau'r dogfennau cofrestru. Mae'r gwerthwr yn gyfrifol am eu gyrru ymlaen at y DVLA. Eglurir y drefn ar gefn y dogfennau cofrestru.

Cyfraith RV(R&L)R rheoliadau 10, 12 & 13

Trethdoll Cerbydau. RHAID i bob cerbyd a ddefnyddir neu a gedwir ar y ffordd fod â disg Trethdoll Cerbyd ddilys (disg dreth) yn cael ei harddangos drwy'r adeg. **RHAID** i unrhyw gerbydau a eithrir arddangos trwydded nil.

Cyfraith VERA adran 29

Cyflwyno dogfennau. RHAID eich bod yn gallu cyflwyno'ch trwydded yrru a'r wrthran, tystysgrif yswiriant ddilys ac (os yn briodol) tystysgrif MOT ddilys pan ofynnir amdanynt gan swyddog heddlu. Os na ellwch wneud hyn, mae'n bosibl y gofynnir i chi fynd â nhw at swyddfa'r heddlu o fewn saith diwrnod.

Cyfraith RTA 1988 adrannau 164 & 165

Gyrwyr sy'n dysgu

RHAID i yrwyr sy'n dysgu gyrru car ddal trwydded dros dro ddilys. **RHAID** iddynt gael eu goruchwylio gan rywun sydd o leiaf 21 oed ac sydd â thrwydded UE/EEA lawn ar gyfer y math hwnnw o gerbyd (awtomatig neu geriau llaw) ac sydd wedi'i dal am o leiaf dair blynedd.

Cyfraith MV(DL)R rheoliad 15

Cerbydau. RHAID i unrhyw gerbyd a yrrir gan ddysgwr ddangos blatiau L cochion. Yng Nghymru, gellir defnyddio naill ai ddangos platiau D coch, platiau L coch neu'r ddau. **RHAID** i'r platiau gydymffurfio â manyleb cyfreithiol a **RHAID** iddynt fod i'w gweld yn glir gan bobl eraill o'r tu blaen i'r cerbyd a'r tu ôl iddo. Dylid tynnu'r platiau neu'u cuddio pan na fydd y cerbyd yn cael ei yrru gan ddysgwr (ac eithrio ar gerbydau ysgolion gyrru).

Cyfraith MV(DL)R rheoliad 15 & atodlen 4

RHAID i chi basio prawf theori (os gofynnir am un) ac yna, prawf gyrru ymarferol ar gyfer categori'r cerbyd yr ydych am ei yrru cyn gyrru heb gwmni.

Cyfraith MV(DL)R rheoliad 38

4. Defnyddiwr y ffordd a'r gyfraith

Cyfraith traffig y ffordd fawr

Gellir cael hyd i'r rhestr ganlynol ar ffurf byrfoddau trwy gydol y Rheolau. Ni fwriedir hi i fod yn arweiniad cynhwysfawr, ond yn hytrach fel canllaw i bwyntiau pwysig y gyfraith. Am union eiriad y gyfraith, dylid cyfeirio at y gwahanol Ddeddfau a Rheoliadau (fel y'u diwygiwyd) a ddangosir yn y Côd. Rhestrir y byrfoddau isod.

Mae mwyafrif y darpariaethau'n berthnasol i bob ffordd ar hyd a lled gwledydd Prydain er bod yna rai eithriadau. Diffiniad ffordd yng Nghymru a Lloegr yw "unrhyw ffordd fawr ac unrhyw ffordd arall y mae gan y cyhoedd fynediad iddi gan gynnwys pontydd y bydd ffordd yn mynd drostynt". Yn yr Alban ceir diffiniad tebyg a estynnir i gynnwys unrhyw ffordd lle y mae gan y cyhoedd hawl tramwy. Mae'n bwysig nodi fod cyfeiriadau at "ffordd", felly, yn gyffredinol yn cynnwys llwybrau troed, llwybrau ceffyl a llwybrau seiclo a llawer iawn o ffyrdd a rhodfeydd ar dir preifat (gan gynnwys llawer iawn o feysydd parcio). Yn y rhan fwyaf o achosion, bydd y gyfraith yn berthnasol iddynt a gall fod rheolau ychwanegol ar gyfer llwybrau neu ffyrdd arbennig. Mae rhai troseddau gyrru difrifol, gan gynnwys yfed a gyrru, yn berthnasol i bob man cyhoeddus gan gynnwys meysydd parcio cyhoeddus.

Functions of Traffic Wardens Order 1970	FTWO
Highway Act 1835 or 1980 (fel a ddynodir)	HA
Horses (Protective Headgear for Young Riders) Regulations 1992	H(PHYR)R
Motor Cycles (Protective Helmets) Regulations 1980	MC(PH)R
Motorways Traffic (England & Wales) Regulations 1982	MT(E&W)R
Motorways Traffic (Scotland) Regulations 1995	MT(S)R
Motor Vehicles (Driving Licences) Regulations 1996	MV(DL)R
Motor Vehicles (Wearing of Seat Belts) Regulations 1993	MV(WSB)R
Motor Vehicles (Wearing of Seat Belts by Children in Front Seats) Regulations 1993	MV(WSBCFS)R
Pedal Cycles (Construction & Use) Regulations 1983	PCUR
Public Passenger Vehicles Act 1981	PPVA
Road Traffic Act 1988 or 1991 (fel a ddynodir)	RTA
Road Traffic (New Drivers) Act 1995	RT(ND)A
Road Traffic Regulation Act 1984	RTRA
Road Vehicles (Construction & Use) Regulations 1986	CUR
Road Vehicles Lighting Regulations 1989	RVLR
Road Vehicles (Registration & Licensing) Regulations 1971	RV(R&L)R
Roads (Scotland) Act 1984	R(S)A
Traffic Signs Regulations & General Directions 1994	TSRGD
Vehicle Excise and Registration Act 1994	VERA
Zebra, Pelican and Puffin Pedestrian Crossings Regulations and General Directions 1997	ZPPPCRGD

5. Cosbau

Mae'r Senedd wedi nodi'r cosbau uchaf ar gyfer troseddau traffig. Adlewyrchir difrifoldeb y drosedd yn y gosb uchaf. Y llysoedd sydd i benderfynu pa gosb i'w rhoi yn unol â'r amgylchiadau.

Dengys y tabl cosbau ar dudalen 88 rai o'r prif droseddau a'r cosbau cysylltiedig. Ceir amrediad eang o droseddau eraill, mwy penodol, nad ydynt, er mwyn symylrwydd, yn cael eu dangos yma.

Disgrifir y pwyntiau cosb a'r system ddadgymhwyso isod.

Pwyntiau cosb a dadgymhwyso

Bwriad y system pwyntiau cosb yw atal gyrwyr rhag dilyn ymarfer gyrru gwael. **RHAID** i'r llys orchymyn i bwyntiau gael eu harnodi ar y drwydded yn unol â'r nifer penodedig neu'r ystod a osodir gan y Senedd. Mae casglu pwyntiau'n rhybuddio gyrwyr bod perygl iddynt gael eu dadgymhwyso os byddant yn cyflawni rhagor o droseddau.

Rhaid dadgymhwyso gyrrwr sy'n casglu 12 neu ragor o bwyntiau cosb o fewn cyfnod o dair blynedd. Cyfnod byrraf y dadgymhwyso fydd chwe mis, neu hirach os yw'r gyrrwr wedi'i ddadgymhwyso o'r blaen.

Am bob trosedd sy'n cario pwyntiau cosb, mae gan y llys rym disgresiynol i orchymyn bod deiliad y drwydded yn cael ei ddadgymhwyso. Gall hyn fod am unrhyw gyfnod a benodir gan y llys, ond, gan amlaf, bydd rhwng wythnos ac ychydig fisoedd.

Yn achos troseddau difrifol megis gyrru peryglus a gyrru ac yfed, **RHAID** i'r llys orchymyn dadgymhwyso. Y cyfnod byrraf yw 12 mis, ond i'r rheini sy'n aildroseddu neu lle mae lefel yr alcohol yn uchel, gall fod yn hirach. Er enghraifft, bydd ail drosedd yfed a gyrru o fewn cyfnod o 10 mlynedd, yn arwain at isafswm o dair blynedd o ddadgymhwysiad.

Ar ben hynny, mewn rhai achosion difrifol, **RHAID** i'r llys yn ogystal â gosod cyfnod penodedig o ddadgymhwyso , orchymyn i'r troseddwr gael ei ddadgymhwyso hyd nes y bydd yn pasio prawf gyrru. Mewn achosion eraill, mae gan y llys bŵer disgresiynol i orchymyn dadgymhwyso o'r fath. Gall y prawf fod yn brawf o hyd arferol neu'n brawf estynedig yn dibynnu ar natur y drosedd.

Cyfraith RTOA adrannau.28,29,34,35 a 36

Tabl cosbau

Trosedd — Cosbau uchaf

	CARCHAR	DIRWY	DADGYMHWYSO	PWYNTIAU COSB
*Achosi marwolaeth drwy yrru'n beryglus	10 mlynedd	Diderfyn	Gorfodol–2 flynedd o leiaf	3–11 (os yn eithriadol ni cheir dadgymhwysiad)
*Gyrru'n beryglus	2 flynedd	Diderfyn	Gorfodol	3–11 (os yn eithriadol ni cheir dadgymhwysiad)
Achosi marwolaeth drwy yrru'n ddiofal o dan ddylanwad y ddiod neu gyffuriau	10 mlynedd	Diderfyn	Gorfodol–2 flynedd o leiaf	3–11 (os yn eithriadol ni cheir dadgymhwysiad)
Gyrru'n ddiofal neu heb ystyriaeth	-	£2,500	Dewisol	3–9
Gyrru a chwithau'n anabl i wneud hynny oherwydd y ddiod neu gyffuriau neu oherwydd gormodedd o alcolhol; neu fethu â rhoi sbesimen i'w ddadansoddi	6 mis	£5,000	Gorfodol	3–11 (os yn eithriadol ni cheir dadgymhwysiad)
Methu â stopio ar ôl damwain neu fethu â rhoi gwybod am ddamwain	6 mis	£5,000	Dewisol	5–10
Gyrru ar ôl dadgymhwyso	6 mis (12 mis yn yr Alban)	£5,000	Dewisol	6
Gyrru ar ôl i drwydded gael ei gwrthod neu ei thynnu'n ôl am resymau meddygol	6 mis	£5,000	Dewisol	3–6
Gyrru heb yswiriant	-	£5,000	Dewisol	6–8
Gyrru mewn ffordd nad yw'n gydnaws â'r drwydded	-	£1,000	Dewisol	3–6
Goryrru	-	£1,000 (£2,500 yn achos troseddau 'r draffordd)	Dewisol	3–6 neu 3 (cosb benodedig)
Troseddau goleuadau traffig	-	£1,000	Dewisol	3
Dim tystysgrif MOT	-	£1,000	-	-
Troseddau gwregysau diogelwch	-	£1,000	-	-
Beicio'n beryglus	-	£2,500	-	-
Beicio'n ddiofal	-	£1,000	-	-
Beicio ar y palmant	-	£500	-	-
Methu ag enwi gyrrwr cerbyd	-	£1,000	Dewisol	3

* Pan fo llys yn dadgymhwyso person ar ôl ei gollfarnu am un o'r troseddau hyn, rhaid iddo orchymyn ail brawf estynedig. Hefyd, mae gan y llysoedd ddisgresiwn i orchymyn ail brawf ar gyfer unrhyw drosedd arall sy'n dwyn pwyntiau cosb; yn achos dadgymhwyso rhaid sefyll ail brawf, a phrawf arferol pan nad yw'r dadgymhwysiad yn orfodol.

Gyrwyr newydd. Ceir rheolau arbennig sy'n berthnasol i yrwyr o fewn dwy flynedd i ddyddiad pasio'u prawf gyrru os ydynt wedi pasio'r prawf ar ôl 1 Mehefin 1997 a heb ddal dim ond trwydded yrru dros dro (dysgwr) cyn pasio'r prawf. Os bydd nifer y pwyntiau cosb ar eu trwydded yn cyrraedd chwech neu ragor o ganlyniad i droseddau a gyflawnwyd ganddynt cyn i'r ddwy
flynedd fod drosodd (gan gynnwys unrhyw rai a gyflawnwyd ganddynt cyn iddynt basio'r prawf), bydd y drwydded yn cael ei dirymu. Rhaid iddynt wedyn ailgeisio am drwydded dros dro, ac ni allant yrru ond fel dysgwyr hyd nes y byddant yn pasio prawf gyrru theori ac ymarferol.
Cyfraith RT(ND)A

Noder. Mae hyn yn berthnasol hyd yn oed os byddant yn talu drwy gosb benodedig. Ni fydd gyrwyr sydd eisoes â thrwydded lawn ar gyfer un math o gerbyd yn cael eu heffeithio gan hyn pan fyddant yn pasio prawf i yrru math arall.

Canlyniadau eraill i droseddu
Lle y ceir trosedd y gellir ei chosbi drwy garchariad, yna, gall y cerbyd a ddefnyddiwyd i gyflawni'r drosedd gael ei atafaelu.

Yn ychwanegol at y cosbau y gall llys benderfynu eu dyfarnu, bydd cost yswiriant hefyd yn debygol o godi'n sylweddol yn dilyn euogfarn ar gyfer trosedd yrru ddifrifol. Digwydd hyn oherwydd bod cwmnïau yswiriant yn ystyried bod gyrwyr o'r math yma yn debycach o gael damwain.

Bydd gyrwyr a ddadgymhwysir yn sgil yfed a gyrru ddwywaith o fewn 10 mlynedd, neu unwaith, os ydynt dros ddwywaith a hanner dros y cyfyngiad cyfreithiol, neu'r rheini sy'n gwrthod rhoi sbesimen, hefyd yn gorfod bodloni Cangen Feddygol Asiantaeth Drwyddedu Gyrrwr a Cherbyd nad oes ganddynt broblem alcohol a'u bod, fel arall, yn abl i yrru cyn y dychwelir eu trwydded ar ddiwedd eu cyfnod dadgymhwyso. Gall defnydd parhaus o gyffuriau neu alcohol arwain at atal y drwydded.

6. Diogelwch, diogeliad a chynnal a chadw'r cerbyd

Cynnal a chadw cerbyd
Cymerwch ofal arbennig i sicrhau fod goleuadau, breciau, llywio, systemau disbyddu, gwregysau diogelwch, diniwlyddion, sychwyr a golchwyr ffenestri i gyd yn gweithio. Hefyd
* **RHAID** i oleuadau, mynegyddion, adlewyrchyddion a phlatiau rhif gael eu cadw'n lân ac yn glir;
* **RHAID** i'r ffenest flaen a phob ffenest arall gael eu cadw'n

lân ac yn rhydd o unrhywbeth allai eich rhwystro rhag gweld;

- **RHAID** i oleuadau gael eu haddasu'n gywir er mwyn atal dallu defnyddwyr eraill y ffordd. Rhaid rhoi sylw arbennig i hyn pan fydd y cerbyd wedi'i lwytho'n drwm;
- **RHAID** i allyriant y disbyddydd **BEIDIO** â bod yn uwch na'r lefelau penodedig;
- sicrhau bod eich sedd, gwregys diogelwch, ateg pen a drychau wedi'u haddasu'n gywir cyn i chi yrru;
- sicrhau bod bagiau ac yn y blaen yn cael eu cadw'n ddiogel.

Cyfraith: mae llawer o reoliadau o fewn i CUR yn ymdrin â'r offer uchod, ynghyd â rheoliadau RVLR 23 & 27

Arddangosiadau rhybudd

Gwnewch yn siŵr eich bod yn deall ystyr yr holl arddangosiadau rhybudd ar ddangosfwrdd y cerbyd. Peidiwch ag anwybyddu arwyddion rhybudd. Gallant ddangos fod nam peryglus yn datblygu.

- Wrth droi'r allwedd tanio, bydd goleuadau rhybudd yn ymddangos ond byddant yn diffodd pan fydd yr injan yn tanio (ac eithrio golau rhybudd y brêc llaw). Os na fyddant yn ymddangos neu os dônt ymlaen tra byddwch yn gyrru, stopiwch ac edrychwch beth yw'r broblem oherwydd gall fod gennych nam difrifol.
- Os daw'r golau gwefru ymlaen tra byddwch yn gyrru, gallai olygu nad yw'r batri'n cael ei wefru. Rhaid ymchwilio i hyn hefyd cyn gynted â phosibl er mwyn osgoi colli pŵer i oleuadau a systemau trydanol eraill.

Teiars

RHAID i deiars fod wedi'u chwyddo'n gywir a bod yn rhydd o rai toriadau a namau eraill.

RHAID i geir, **faniau ysgafn ac ôl-gerbydau ysgafn** fod â thrwch gwadn o leiaf 1.66 mm ar draws tri chwarter canol lled y gwadn ac o gwmpas yr holl amgylchedd.

RHAID i **feiciau modur, cerbydau mawr a cherbydau sy'n cario teithwyr** fod â thrwch gwadn o leiaf 1 mm ar draws tri chwarter lled y gwadn ac mewn bandyn di-dor o gwmpas yr holl amgylchedd. Dylai fod gan **fopedau** wadn gweladwy.

Cyfraith CUR rheoliad 27

Os bydd teiar yn byrstio tra byddwch yn gyrru, ceisiwch gadw rheolaeth ar eich cerbyd. Gafaelwch yn y llyw'n dynn gan adael i'r cerbyd arafu a stopio ohono'i hun ar ochr y ffordd.

Os bydd gennych deiar fflat, stopiwch cyn gynted ag y bydd yn ddiogel i wneud hynny. Ni ddylech newid y teiar oni bai eich bod yn gallu gwneud hynny heb eich rhoi'ch hunan neu eraill mewn perygl – fel arall galwch ar wasanaeth torri lawr.

Pwysedd Teiars. Gwiriwch yn wythnosol. Gwnewch hyn cyn eich siwrnai, pan fydd y teiars yn oer. Gall teiars cynnes neu boeth roi darlleniad camarweiniol.

Amherir ar eich breciau a'ch llywio gan deiars sydd heb eu chwyddo'n ddigonol neu'u chwyddo'n ormodol. Gall traul eithriadol neu anwastad gael ei achosi gan namau wrth frecio neu systemau crogiant neu olwynion sydd allan ohoni. Sicrhewch fod y diffygion hyn yn cael eu cywiro cyn gynted â phosibl.

Lefel hylif
Gwiriwch y lefelau hylif yn eich cerbyd o leiaf unwaith yr wythnos. Gall lefel hylif brecio isel achosi i chi fethu brecio ac o bosib, damwain. Gwnewch yn siŵr eich bod yn nabod y goleuadau sy'n rhybuddio am hylif isel os ydynt ar eich cerbyd.

Cyn y gaeaf
Sicrhewch fod y batri'n cael ei gynnal a'i gadw'n dda, a bod deunydd gwrthrewi addas yn eich rheiddiadur a photel ffenest flaen.

Problemau eraill
Os bydd eich cerbyd
- yn tynnu i'r naill ochr wrth frecio, y peth mwyaf tebygol yw bod nam ar y brêc neu fod y teiars heb eu chwyddo'n iawn. Dylech ymgynghori â modurdy neu fecanydd yn syth;
- yn dal i fownsio ar ôl gwasgu i lawr ar y pen blaen neu'r cefn, bydd y siocleddfyddion wedi'u treulio. Gall siocleddfyddion wedi'u treulio effeithio'n ddifrifol ar y cerbyd a dylid eu hadnewyddu;
- dylech archwilio'n syth arogleuon anarferol, megis rwber yn llosgi, petrol, neu losgi trydanol. Peidiwch â mentro tân.

Injan yn gorboethi neu ar dân
Dŵr sy'n oeri'r rhan fwyaf o injans. Os bydd eich injan yn gorboethi, dylech aros hyd nes y bydd wedi oeri'n naturiol. Dim ond wedyn y dylech dynnu caead y ffilter oerydd i ychwanegu dŵr neu oerydd arall.

Os bydd eich cerbyd yn mynd ar dân, dylech gael pawb sydd yn y cerbyd allan ohono'n gyflym ac i le diogel. Peidiwch â cheisio diffodd tân yn adran yr injan, oherwydd gallai agor y pen blaen achosi'r tân i fflamychu. Galwch y frigâd dân.

Gorsafoedd petrol

Peidiwch byth ag ysmygu na defnyddio ffôn symudol ar gwrt gorsafoedd petrol gan fod hyn yn berygl tân sylweddol a allai achosi ffrwydriad.

Diogeliad cerbyd

Pan yn gadael eich cerbyd dylech

- dynnu'r allwedd o'r injan a chloi'r llyw;
- cloi'r car, hyd yn oed os ydych am ei adael am ychydig funudau'n unig;
- cau'r ffenestri'n dynn;
- peidiwch byth â gadael plant nac anifeiliaid mewn car diawyr;
- ewch â'r holl gynnwys gyda chi, neu'i gloi yn y gist. Cofiwch cyn belled ag y gŵyr lleidr, gall bag syml gynnwys pethau gwerthfawr. Peidiwch â gadael dogfennau'r cerbyd yn y car.

Am ddiogeliad ychwanegol dylech osod dyfais gwrth-ladrad. Os ydych yn prynu car newydd, mae'n syniad da i gael gwybod faint o nodweddion diogeliad sydd wedi'u hymgorffori ynddo. Ystyriwch gael eich rhif cofrestru wedi'i engrafu ar holl ffenestri'r car. Dyma ffordd rad ac effeithiol o atal lladron proffesiynol.

7. Cymorth cyntaf ar y ffordd

Pe digwydd damwain, gallwch wneud nifer o bethau i helpu, hyd yn oed os nad ydych wedi derbyn unrhyw hyfforddiant.

1. Deliwch gyda pherygl

Gwrthdrawiadau pellach a thân yw'r prif beryglon yn dilyn damwain. Dyneswch at unrhyw gerbyd sy'n gysylltiedig â'r digwyddiad gyda gofal. Diffoddwch bob injan ac, os yn bosibl, rhybuddiwch unrhyw draffig arall. Stopiwch unrhyw un rhag smygu.

2. Ceisiwch gymorth gan eraill

Ceisiwch sicrhau cymorth gan rai sydd gerllaw. Gofynnwch i rywun alw'r gwasanaethau brys priodol cyn gynted â phosibl. Bydd angen iddynt wybod union leoliad y ddamwain a'r nifer o gerbydau fu'n gysylltiedig â hi.

3. Helpwch y rhai fu'n gysylltiedig â'r ddamwain

PEIDIWCH â symud y rhai sydd wedi eu hanafu ac sy'n dal yn eu cerbydau oni bai bod posibilrwydd o berygl pellach iddynt. **PEIDIWCH** â thynnu helmed beiciwr modur oni bai bod hynny'n gwbl angenrheidiol. **PEIDIWCH** â rhoi unrhyw beth i'w yfed na'i fwyta i'r sawl sydd wedi'i anafu. **CEISIWCH** ei wneud yn gyfforddus a'i arbed rhag oeri, ond gan osgoi unrhyw symudiad diangen. Cysurwch y claf mewn ffordd hyderus. Gall fod yn dioddef o sioc, ond bydd triniaeth gyflym yn lleihau hyn.

4. Darparwch ofal brys
Dilynwch *ABC Cymorth cyntaf*

A am **Airway** – edrychwch am unrhyw beth sy'n rhwystro'r claf rhag anadlu a'i waredu. Tynnwch unrhyw rwystr amlwg yn y geg. Gall y claf ddechrau anadlu a'i liw wella.

B am **Breathing** – os nad yw'r claf yn dechrau anadlu pan fo'r bibell wynt wedi'i chlirio, codwch yr ên a gogwyddwch y pen am yn ôl yn ysgafn iawn. Pinsiwch ffroenau'r claf a chwythwch i'r geg nes bod y frest yn codi; tynnwch yn ôl, ac yna ailadrodd-wch hyn yn rheolaidd un waith bob pedair eiliad nes bod y claf yn gallu anadlu heb gymorth.

C am **Circulation** – er mwyn sicrhau cylchrediad, rhwystrwch unrhyw waed rhag cael ei golli. Os oes gwaedu, pwyswch yn gadarn â'ch llaw dros yr archoll, gan ddefnyddio defnydd glân os oes modd, a heb bwyso ar unrhyw lygryn yn yr archoll. Gosodwch bad arno a'i ddal yno gyda rhwymyn neu ddarn o ddefnydd. Os nad yw wedi torri, codwch y fraich neu'r goes i leihau'r gwaedu.

5. Byddwch yn barod
Cariwch becyn ymgeledd gyda chi bob amser. Gallwch arbed bywyd trwy ddysgu cymorth brys a chymorth cyntaf gan gymdeithas gymwysedig, megis y gwasanaeth ambiwlans lleol, Cymdeithas a Brigâd Ambiwlans Sant Ioan, Cymdeithas Ambiwlans Sant Andreas, y Groes Goch Brydeinig neu unrhyw gorff cymwysedig addas.

Mynegai